中国国际扶贫中心

中国互联网新闻中心

世界银行

联合国粮食及农业组织

国际农业发展基金

联合国世界粮食计划署

亚洲开发银行

编

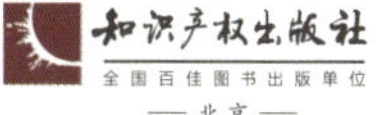

图书在版编目（CIP）数据

全球减贫案例集．2023/ 中国国际扶贫中心等编．—北京：知识产权出版社，2023.10
ISBN 978-7-5130-8931-9

Ⅰ.①全… Ⅱ.①中… Ⅲ.①扶贫-案例-世界-2023 Ⅳ.①F113.9

中国国家版本馆 CIP 数据核字（2023）第 185276 号

总 策 划：刘俊文
策　　划：李　昕
出版协调：余　晖　林华珰　杨惠仪　肖　寒

责任编辑：王志茹　　　　责任印制：孙婷婷

全球减贫案例集 2023
QUANQIU JIANPIN ANLIJI 2023

中国国际扶贫中心　中国互联网新闻中心　世界银行　联合国粮食及农业组织
国际农业发展基金　联合国世界粮食计划署　亚洲开发银行　编

出版发行：知识产权出版社有限责任公司　　网　　址：http://www.ipph.cn
电　　话：010-82004826　　http://www.laichushu.com
社　　址：北京市海淀区气象路 50 号院　　邮　　编：100081
责编电话：010-82000860 转 8761　　责编邮箱：laichushu@cnipr.com
发行电话：010-82000860 转 8101　　发行传真：010-82000893
印　　刷：北京中献拓方科技发展有限公司　　经　　销：新华书店、各大网上书店及相关专业书店
开　　本：787mm×1092mm　1/16　　印　　张：21
版　　次：2023 年 10 月第 1 版　　印　　次：2023 年 10 月第 1 次印刷
字　　数：253 千字　　定　　价：128.00 元
ISBN 978-7-5130-8931-9

编写说明

2023年，联合国发布的《2023年可持续发展目标报告：特别版》指出，气候危机、俄乌冲突、全球经济疲软及新冠疫情阻碍了实现目标的进展，世界上最贫穷和最脆弱的群体正在承受前所未有的全球挑战的最严重影响。

为了减少这些不利的影响，重新点燃实现可持续发展目标的希望，推广分享世界各国减贫和乡村发展的成功实践，从2018年5月开始，中国国际扶贫中心、中国互联网新闻中心、世界银行、联合国粮食及农业组织、国际农业发展基金、联合国世界粮食计划署、亚洲开发银行等7家机构共同发起“全球减贫案例征集活动”。截至2022年年底，我们已开展三届“全球减贫案例征集活动”，共评选出320篇优秀案例，已出版《全球减贫案例集2021》《全球减贫案例集2022》，收入前两届案例征集活动的优秀案例共80余篇。2021—2022年，我们开展了第三届“全球减贫案例征集活动”，通过自我申报和机构推荐，共征集来自35个国家和地区的516个案例。7家主办机构分别派出专家对被推荐进入评审的案例进行深入讨论、点评，不仅关注可持续发展、绿色减贫、粮食安全、脆弱性群体等问题，而且围绕产业振兴、人才振兴、文化振兴、生态振兴、组织振兴等方面，秉持“看得懂、学得会、能借鉴”的原则，投票选出104篇优秀案例，最终从中精选39篇案例编为《全球减贫案例集2023》。

本书从国际合作、政策支持、可持续发展、绿色减贫、粮食问题、脆弱性群体、减贫项目实施与管理等方面对案例进行分类，呈现各国在消除贫困、减少不平等、推进现代化发展过程中的精彩故事。国际合作方面，选择中国和发展中国家开展合作等典型案例；政策支持方面，选择生态政策和就业、包容性金融等典型案例；可持续发展方面，选择资源可持续利用、教育、健康卫生、农业产业价值链、企业和农户的伙伴关系、利益共享机制等典型案例；绿色减贫方面，选择废弃物资源化利用、水资源管理、可持续林业等典型案例；粮食问题方面，选择农业文化遗产保护与利用、农业技术援助、农业社会化服务体系、农业价值链增值等典型案例；脆弱性群体方面，选择妇女赋权、非物质文化遗产保护利用和特殊群体赋能、教育均等化、少数民族发展等典型案例；减贫项目实施与管理方面，选择援助项目和国内减贫项目实施的典型案例。在联合国提出5项当前急需采取的行动之际，我们希望这些案例能够记录人类减贫奋斗的努力，并对各国采取切实的可持续发展行动有所裨益。

在编写本书的过程中，中国有关政府部门给予重要指导，案例提交机构和个人在内容提供、数据核实和图片搜集上提供极大帮助，联合国开发计划署、中国国际经济技术交流中心、北京农学院在案例筛选、编写上给予专业指导和技术支持。在此，谨向所有支持、帮助本书编写的单位和个人致以衷心的感谢。

本书编写组

2023年10月

评审委员会

李　昕	（中国国际扶贫中心）
Martin Raiser	（世界银行）
Carlos Watson	（联合国粮食及农业组织）
Nii Quaye-Kumah	（国际农业发展基金）
屈四喜	（联合国世界粮食计划署）
Hsiao Chink Tang	（亚洲开发银行）
王晓辉	（中国互联网新闻中心）

评审专家

余　晖	（中国国际扶贫中心）
曹文道	（世界银行）
董　乐	（联合国粮食及农业组织）
孙印洪	（国际农业发展基金）
王晓蓓	（联合国世界粮食计划署）
王　丹	（亚洲开发银行）
焦　梦	（中国互联网新闻中心）

目录

国际合作

政策支持

可持续发展

减贫项目实施与管理

国际合作

莱索托王国的减贫惠民“幸福草”
——福建农林大学海外援助菌草推广案例

案例类型：产业扶贫

关键词：可持续发展，应对气候变化，减贫

提交机构：福建农林大学国家菌草工程技术研究中心

摘　要

近年来，莱索托王国（以下简称“莱索托”）畜牧业的快速发展导致过度放牧，进而加剧水土流失，莱索托面临严重的生态危机。为了缓解这一危机，2006 年 10 月，中国政府与莱索托政府签订换文协定，把菌草技术项目列为对莱索托的援助项目。中华人民共和国商务部联合福建农林大学菌草技术发明人林占熺研究员实施该项目。从 2007 年 9 月至 2021 年 5 月，该项目已顺利完成 4 期菌草技术援助任务。该项目采取“四结合”（与当地自然条件相结合、与当地政府相结合、与当地群众相结合、与当地需求相结合）和“五化”（技术本土化、操作简便化、生产标准化、产业系统化、农户组织化）等措施，探索出“基地＋旗舰点＋农户”推广模式，与当地农业部门的推广体系相结合，形成较为完整的菌草技术推广体系。中国专家组提供的各项操作技术尽量简便化，使当地农民“一看就懂、一学就会、一做就成”，从而加快中国援助的菌草技术顺

利进村入户，提高当地民众的自我发展能力，推动其脱贫致富，带动当地新兴产业发展，确保生态环境良性发展。

背 景

莱索托自然资源稀少，经济基础薄弱，加上自然灾害、水土流失和土地退化等原因，粮食不能自给自足。莱索托结核病和艾滋病的感染率居世界前列，食品供应短缺，失业率相对较高，是联合国认定的最不发达国家之一。莱索托的侨汇收入在国民收入中占一定比例，但受金融危机和新冠疫情影响，莱索托在南非矿业的务工人员减少，导致侨汇收入大幅度减少，直接影响民生。莱索托的社会治安较差，近年受新冠疫情和粮食短缺的双重影响，莱索托的社会治安状况日趋严峻。

农业是莱索托的支柱产业之一，但农业基础薄弱，该国超过 70% 的人口从事农业和相关产业。莱索托的耕地面积仅占国土面积的 9%，农业生产模式以小农户个体经营为主，主要农作物为玉米、高粱、小麦，粮食单位产量极低，难以自给自足。由于缺乏经济型农作物，所以莱索托超过半数的人口生活在贫困线以下，该国长期依赖进口粮食和国际社会援助。

莱索托是非洲东南部的内陆国家，地势较高，属亚热带气候，自然资源稀少，尤其是森林资源严重匮乏，水土流失和土地退化严重，大量的表层土壤流失导致土地贫瘠，有的土地因土壤完全流失而成为不毛之地。莱索托是以牧业为主的国家，草地面积约占全国土地面积的 64.8%，是耕地面积的 2.66 倍，但天然草地的产量不高，草的营养价值低，尤其是莱索托的冬季天气寒冷，天然草地资源减少，满足不了牧业发展的需要。近年来，畜牧业的快速发展导致过度放牧，进而加剧水土流失，莱索托面临严重的生态危机。

菌草可作饲料饲喂牛、羊、猪等牲畜，同时牛羊的粪便可作为菌草肥料，结合菌草菇生产形成“菌草—菌物—动物”三物循环产业模式。该模式不仅可增加农民收入，解决莱索托畜牧业发展的问题，而且种植菌草可改良土壤、减少水土流失、改善莱索托的生态环境，为莱索托农业的可持续发展做出贡献。

项目实施

菌草是可用作食用菌和药用菌培养基质的草本植物。我国已筛选和培育出 48 种菌草，可栽培 56 种食用菌和药用菌。菌草技术是运用菌草栽培食用菌、药用菌和生产菌物饲料、菌物肥料等综合利用的技术。菌草产业是通过应用菌草技术和其他相关技术形成的可持续产业。援助莱索托菌草技术合作项目根据莱索托的需求和现有的菌草生产技术水平，从帮助莱索托发展新兴菌草业、提升自主发展能力出发，为增加就业、消除贫困提供新途径，全面示范结合水土保持、土壤改良、饲料加工、食用菌生产与加工的菌草产业链。种植菌草为莱索托的畜牧业发展提供菌草高蛋白饲料、为水土流失治理提供新措施，可生产多品种食用菌，紧密结合土地资源合理开发利用和资源环境保护，高效利用太阳能、土地和水三大资源，形成植物、菌物、动物对资源的高效循环综合利用，实现经济效益、生态效益和社会效益共赢，有利于莱索托的生态安全、食品安全和能源安全。

莱索托的主要劳动力大多赴南非共和国务工，农牧业基础薄弱，社会治安较差。面对恶劣的生态和社会环境，中国专家组采取多种有效措施，确保菌草技术在当地增加就业、消除贫困上做出积极贡献。

为进行有效示范和推广，该项目采取“四结合”和“五化”等措施，在前期推广的基础上，总结在斐济共和国、南非共和国、卢旺达共和国和巴布亚新几内亚独立国等国的成功推广经验，摸索出“基地＋旗舰点＋农户”的推广模式，与当地农业部门的推广体系相结合，形成较为完整的菌草技术推广体系。“四结合”，即与当地自然条件相结合、与当地政府相结合、与当地群众相结合、与当地需求相结合。“五化”，即技术本土化、操作简便化、生产标准化、产业系统化、农户组织化。例如：在确定推广菌草平菇栽培模式时，中国专家组充分考虑莱索托气候干燥这一自然条件，采取半脱袋覆土栽培模式。专家组制定各项技术指标时做到直观化、数字化，使工人易于掌握、管理人员便于检查指导。专家组在确定各项操作技术时尽量简便化，使当地工人和农户“一看就懂、一学就会、一做就成”；同时建立各种网络交流群，如菌草种植生产群、菌草菇栽培群、菌草菇栽培袋生产群等，实时在线提供指导，引导推动当地农户相互学习、共同进步，加快中国援助菌草技术顺利进村入户，提高当地民众的自我发展能力，促进脱贫致富，带动当地新兴产业发展，确保生态环境良性发展。

中国专家组根据不同的培训对象及在技术推广中的作用，将培训分为三个层次。第一层次是培训负责当地各项农业技术宣传和推广的专业技术人员，包括当地农业科研人员、农业部和各区农业技术负责人。该层次学员有一定基础知识，能快速掌握所学知识并可继续传播和推广。专家组在基地和各区的农业站或示范点进行现场培训，从理论到实践进行手把手教学，在莱索托的 10 个区都建立菌草菇栽培旗舰点，从选择栽培场地、搭建菇棚到如何保温、降温、保湿、防风、控光线等创造菌草菇生长的最佳环境，建立田间学校，指导学员掌握技术要点，然后学员再指导并带领各区农户进行菌草生产。第二层次是培训当地各项农业技术带头人和骨干，包括各示范点的骨干和社区骨干、合作社的负责人、重点示范户，以及农业院校的学生。专家组先指导学员进行生产栽培，在生产过程中查找问题、发现问题、解决问题，通过生产实践找到问题症结，再从理论上进行区域性集中培训，使学员牢固掌握菌草菇高产栽培标准化的生产技术，并能自己解决生产中遇到的问题。第三层次是培训拟从事菌草生产的新农户。专家组采取感受型学习模式，通过该国农业部、合作社、协会等团体的负责人召集学员进行区域性分批分次集中学习培训，带领学员参观基地、品尝菌草菇，激发学员对菌草技术的兴趣，再进行理论培训，最后让学员进行体验式生产实践，使其了解菌草技术并初步掌握基本技术要点，为以后从事菌草产业打下良好基础。新冠疫情防控期间，中国专家组根据实际情况及当地政策要求及时调整培训方式，暂停室内聚集培训，改为对农户进行户外生产现场技术培训，同时通过网络或电话进行在线指导，建立不同类型的网络群，确保培训质量落到实处，培训一个、掌握一个、带动一方。

▲ 菌草栽培技术现场培训 1

莱索托的农业技术及科研力量薄弱，为成功进行技术转移和提升当地的生产能力，有效保障农户利益和增强受援国农户的自我发展能力，该项目首先坚持“农户导向”原则，以确保农户特别是妇女、失业人员等特殊群体成为产业发展的最大受益者；其次，“扶贫先扶智”，除了为莱索托农户提供培训，还为当地学校提供科教实践基地，开设“菌草课堂”，在当地大学举办菌草科学讲座、开展长期科教合作，为当地青年提供留学生奖学金，以及组织莱索托官员和专家参加菌草国际会议进行交流学习等。

▲ 菌草栽培技术现场培训 2

该项目通过举办不同类型的“菌草技术开放日”、参加“世界粮食日”“农业展览”等活动，现场展示菌草及菌草菇的相关技术和产品，并现场烹饪菌草菇供参观者品尝，加大宣传力度，开拓菌草菇销售市场，通过做大市场促进项目的可持续发展。在促进项目基地持续发展的同时，该项目还推动菌草技术在周边国家的发展，从而进一步扩大其在非洲及国际上的影响。

成 效

援助莱索托菌草技术合作项目在该国首都马塞卢建立1万平方米的示范基地，采用现代化食用菌生产和栽培技术，建立集制种（含原种和生产种）、原料粉碎、拌料、装袋、灭菌、接种、菌丝培养、现代化出菇管理和鲜菇简易包装于一体的菌草菇类生产流水线，建有菌草种苗圃4000平方米；培训学员3234人，发展农户1000余户；选送27位莱索托农业部官员到中国福建农林大学学习菌草技术，选送3名莱索托留学生赴中国攻读菌草硕士学位；共成立3个菌草生产合作社，在莱索托各地区建立16个菌草技术旗舰点，进行菌草菇生产、种草养畜和水土保持示范。

农户从基地购回菌袋栽培后的第7～10天，即可收回菌袋成本，他们称该项目为“经济作物”“快钱”。如果农户每天管理10平方米菇床的菌草菇只需花1个小时，那么在2.5～3个月内就可收获300千克鲜菇（每平方米种80袋，每袋单产按375克计算），按当地菌草菇的批发价格20马洛蒂/千克计算，可收入6000马洛蒂，一年可种4次菌草菇，则年收入2.4万马洛蒂（莱索托国有企业工人的月工资为1000～1200马洛蒂）。

莫托梅洛博士是莱索托国立大学的高级讲师，也是一个小型奶牛养殖户，在项目第3期开始种植巨菌草饲喂奶牛。他表示，菌草比当地任何牧草都长得快、产量高、适口性好，同时菌草种植技术十分简便易学。他还认为，巨菌草种植对莱索托的生态环境保护十分有利，因为巨菌草根系发达，可以保护土壤，防止水土流失，减少过度放牧造成的环境压力。通过巨菌草栽培种植使自然草场零放牧是保护生态环境的重要手段，他也在周边社区推广种植巨菌草。

此外，专家组还帮助马塞卢郊区的马赛诺肯伊扎兰残疾人培训中心建立菌草技术旗舰点，使残疾人也能利用菌草技术通过辛勤劳动收获菌草平菇，增加就业机会。

为使菌草技术在莱索托可持续发展，有效增强莱索托的自主发展能力，该项目组帮助马塞卢青年策波进行菌草菇菌袋生产，并建立菌草菇菌袋生产旗舰点，根据他的实际情况制订帮扶方案，手把手从备料、拌料、装袋到灭菌、接种一步步详细指导，并在新冠疫情防控期间多次前往现场指导。在中国专家组的耐心指导下，他终于成功生产出菌草菇菌袋。在项目组扶持下，他已建立简易的菌草食用菌菌袋生产线，可自主生产菌草食用菌菌袋。他表示，这项技术简单（只需简易灭菌灶）、周期短（从投料生产到第一潮菇采收只需 30 天）、成品率高（污染率低）、产量高（第一潮菇的生物转化率可达到 50%），将进一步加大投入，带动更多人投入菌草生产，实现脱贫致富。他在两个半月时间里，共投入 3265 南非兰特（包括原料、劳力、交通费、电话费、电费等），共收入 13 085 南非兰特，纯利润约 1 万南非兰特，预计总收入可达 1.5 万～ 1.8 万南非兰特，投入产出比达 1∶5 ～ 1∶6，效益显著。他表示，非常感谢中国政府及专家，菌草技术不仅帮助他致富，还能直接为莱索托农户提供菌草菇菌袋，甚至出口菌袋到南非共和国，带动更多农民加入菌草产业、脱贫致富、促进农业可持续发展。

2019 年 4 月 18 日，中国常驻联合国代表团与联合国经济和社会事务部在纽约联合国总部共同举办“菌草技术：‘一带一路’倡议促进落实联合国 2030 年可持续发展议程的实质性贡献”高级别会议和同名展览。时任莱索托农业及粮食安全部大臣马哈拉·莫拉波出席会议并在发言中表示，菌草技术自 2007 年被引入莱索托以来，极大地帮助其加强粮食安全，减少极端贫困人口，稳步实现联合国可持续发展目标，并给莱索托带来彻底消除贫困的希望。莫拉波在接受记者采访时说：“中国和莱索托正在开展的菌草技术合作项目不仅帮助我们实现了阶段性的具体目标，也为莱索托全面实现2030年可持续发展目标、消除各种形式的贫困奠定了基础。联合国2030年议程与中国提出的‘一带一路’倡议高度契合，都呼吁不同国家之间进行合作，实现共同发展和普遍繁荣。”

真实故事

马塞卢郊区的退休教师马莫萨和一名当地农户马莫哈提参加中国援助莱索托菌草技术培训班后，一起牵头成立莱索托妇女菌菇合作社。马莫萨表示，妇女组织成员来自11个家庭，每户均有2～4个子女，其中4户还是单亲家庭。以往家庭主要经济来源为玉米种植，由于近年莱索托频繁遭受干旱等恶劣气候影响，粮食产量大幅度减少，维持家庭温饱都很困难。但是，自从种植菌草菇，她们每月有了固定的工作与收入，还能够负担子女上学读书，非常感谢中国政府和菌草专家的帮助。种植菌草不仅改善她们的经济状况，而且重新点燃了这11个家庭生活的希望。负责该合作社财务的姆本贝告诉记者，合作社每个月平均能收入1.2万马洛蒂。对她们来说，这是一笔很不错的收入。她说：“村里的许多妇女也都希望加入我们的合作社，感谢中国政府和中国菌草专家的帮助。”莱索托妇女菌菇合作社还自创自演塞索托语歌曲《七天菌菇》。

▲ 妇女菌草生产合作社喜获丰收

经验与启示

1. 对标可持续发展，服务构建人类命运共同体

《联合国2030年可持续发展议程》确定17项可持续发展目标，援助莱索托菌草技术合作项目可对其中13项可持续发展目标起到不同程度的促进作用，其中包括贫穷、饥饿与粮食安全、健康、教育、性别平等、清洁能源、经济增长、创新、缩小差距、可持续的消费和生产模式、气候变化、森林荒漠化与生物多样性、伙伴关系等，这些对莱索托政府具有重要价值。该项目实施目标的重点从前期以减贫和反饥饿为主，到后期扩大为13项可持续发展目标，主动配合莱索托政府落实自己的可持续发展目标。

2. 以保障农户利益和能力建设为核心导向

菌草技术合作项目实施的核心导向从前期关注如何成功进行技术转移和提升当地的生产能力，到后期转变为如何有效保障农户利益和增强农户与受援国的自身发展能力。首先，制定“农户导向”的利益分配机制，以确保农户特别是妇女、残疾人等特殊群体成为产业发展的最大受益者。其次，扶贫要先扶智。除了为受援国农户提供大量培训外，还为当地学校提供科教实践基地、开设“菌草课堂”，在当地大学举办菌草科学讲座、开展长期科教合作，为当地青年提供留学生奖学金，并组织受援国的学者、官员等参加菌草国际会议进行交流学习等。

3. 通过多元化协作提升公共服务能力

菌草技术示范基地作为核心纽带和独立运营的主体，围绕可持续发展目标在当地开展科研、教育、推广、扶贫等活动，建立多元化的合作伙伴关系。莱索托农业及粮食安全部、外交及国际关系部、发展计划部、小企业及市场部、贸工部、警察及公共安全部等政府部门，以及莱索托国立大学、莱索托农学院等高等院校及各中小学都参与项目实施，协助推广菌草技术、支持技术培训、开展教育宣传、促进国际交流等，加快技术传播速度，扩大受益面，提升项目的影响力。

4. 多边合作与双边援助相互促进、扩大援助成果

2017 年启动的中国—联合国和平与发展基金可持续发展子基金菌草技术项目，定位为向全球推介菌草技术。该项目是一个迅速放大菌草技术双边援助成效的重要平台。福建农林大学作为菌草技术的发明单位及菌草对外援助项目的实施单位，配合联合国经济和社会事务部，合作分享菌草技术在莱索托成

功应用的经验和技术知识，推动莱索托及各发展中国家政府部门制定相关政策、采取积极措施推广菌草技术，服务联合国可持续发展目标。联合国大会第73届会议主席玛丽亚·费尔南达·埃斯皮诺萨认为，菌草技术项目的实施是“使联合国的所作所为与人民大众息息相关”，赞扬中国“树立了多边主义的榜样”。

南南合作促进地区减贫与发展
——中国与乌干达南南合作项目

案例类型：产业扶贫

关键词：南南合作，农业发展合作

提交机构：中国农业农村部对外经济合作中心

摘　要

“南南合作”是联合国粮食及农业组织（以下简称“联合国粮农组织”）提出的“粮食安全特别计划”的组成部分，是由一些发展程度相对较高的发展中国家通过向发展程度较低的发展中国家派遣农业专家和技术员等形式，为其提供技术支持，帮助这些国家实施“粮食安全特别计划”，以提高其农业生产能力和粮食安全水平。农牧业在乌干达共和国（以下简称“乌干达”）的国民经济中占主导地位，但由于以小农户为主，所以这些领域的发展受到财政、技术、投资、耕作方式等方面的限制。基于此，中国农业农村部在南南合作框架下向乌干达提供谷物、园艺、水产、畜牧等方面的技术支持，提高其生产能力，保障食品安全，同时通过发展农业价值链，提高农产品附加值，吸引农业投资，促进农民增收。

背　景

农牧业在乌干达的国民经济中占主导地位，但由于以小农户为主，这些领域的发展受到财政、技术、投资、耕作方式等方面的限制。为帮助乌干达解决这些问题，中国政府分别于2012—2014 年、2015—2017 年在乌干达开展两期南南合作项目，提供谷物、园艺、水产、畜牧等方面的技术支持，提高其生产能力，保障食品安全，同时通过发展农业价值链，提高农产品附加值，吸引农业投资，促进农民增收。

项目实施

在中国—联合国粮食及农业组织南南合作信托基金的支持下，中国农业农村部分别于 2012—2014 年、2015—2017 年在乌干达实施两期南南合作项目，共派出 47 名农业专家和技术员，累计利用信托基金约 350 万美元。一期南南合作项目重点支持乌干达“发展战略及投资计划”的实施，专业领域涉及水利、作物集约化和多样化管理、粮食存储、食品安全和市场营销。二期南南合作项目支持《乌干达农业领域发展规划（2016—2020）》，重点领域包括园艺、谷物、水产、畜牧、农业综合经营等。

1. 明确各合作主体的责任和义务

联合国粮农组织总部和联合国粮农组织驻华代表处分别成立粮农组织南南合作项目管理团队，负责总部、区域和次区域的相关部门联络工作，主要联络内容包括项目管理、运行与财会事务、监测与评价、采购及支持服务等。

中国农业农村部和中国常驻联合国粮农机构代表处组成中方南南合作项目管理团队，负责项目的具体实施、协调和跟进，以及建立统一的标准和实施方法。在南南合作信托基金的支持下，中国农业农村部共派出47名农业专家和技术员，累计利用信托基金约350万美元，在谷物、园艺、水产、畜牧等方面为乌干达提供技术支持。在技术支持同时，中国专家组通过发展农业价值链提高农产品附加值，吸引农业投资，激发农业产业活力。

乌干达农牧渔业部负责南南合作项目的执行。其主要职责包括通过自我评估查明并确定需要南南合作提供支持的具体需求；履行管理、技术、后勤和安全等义务，确保南南合作外派人员能够顺利开展工作；积极有效地参与整个项目周期流程，并提供相应的配套资金，确保项目顺利实施；选拔和派遣充足的合作伙伴参加项目活动。

2. 各合作主体共同制定项目规划

项目规划由中国、乌干达、联合国粮农组织三方共同协调制定，分为预规划和三方联合规划设计两部分。

预规划的目的是使乌干达了解南南合作的原则、模式及三方协议中各方的责任；收集乌干达农牧渔业发展和粮食安全重点领域正在执行的主要项目的有效信息；查明可以作为项目参与单位的机构和工作点；为必要的实地考察和技术会议做好前期准备。

三方联合规划设计由中国农业农村部、乌干达农牧渔业部、联合国粮农组织共同开展，为期两周。规划设计期间，三方完成项目规划设计方案，编写项目描述文件(包括项目内容、资金预算、项目地点、职责要求等)。

3. 中方专家组提供技术支持，探索新的农业模式

在两期项目中，中国专家组在20个项目点开展50多个

示范项目，传播实用农业技术 64 项，引进适宜的优良品种 85 个，撰写各类调研报告 80 篇。其中，示范项目涉及水果、蔬菜、食用菌、稻田养鱼等，农业技术涉及杂交水稻、狐尾小米、病虫害管理等。

在做好生产指导的同时，中国专家组通过红薯粉、牛肉干等农牧加工示范项目延长价值链；通过“企业＋农户”方式拓宽市场销售渠道；通过指导稻田养鱼、中国模式沼气、循环农业、休闲农业等构建当地农业新模式，全面提高农业的经济效益、社会效益与生态效益。

此外，中国专家组还与合作伙伴一起面向项目点附近的目标团体，如农民、农民合作社、政府下属的农业企业及农业技术推广部门等，开展技术咨询。例如，布达卡项目点以谷物技术推广为主，专家组对周边农户开展水稻、小米、玉米-大豆套作高产栽培技术指导；卡贝拉项目点以园艺技术推广为主，专家组在对项目点内的蔬菜、食用菌种植大户进行全面基线调查的基础上，开展定期技术指导和答疑，为当地食用菌培训中心提供技术服务。

4. 中方提供渠道加强乌干达的能力建设

能力建设主要有实地培训和访华考察两种形式。

实地培训的模式多种多样，因地制宜。培训前，中国专家组及合作伙伴开展简单的需求调查，并编写培训计划。实地培训结束后，中国专家组提交培训过程和结果报告。这些培训的内容包括园艺、畜牧、杂交水稻、狐尾小米、水产养殖、沼气技术等。两期项目共组织培训班近 200 期，参训人员近 8000 人，培训乌干达农民、技术人员达 1.5 万人。

▲ 中国专家进行狐尾小米种植技术指导

根据项目管理规定，乌干达政府可以在项目启动 6 个月后申请第一批访华考察。两期项目共开展 4 次访华考察，考察内容主要涉及中国农业发展、项目实施管理、科技示范推广、农牧业生产模式、品种资源、价值链开发、企业投资等。

成 效

中乌南南合作项目通过技术推广、建设中乌农业合作产业园等方式，全面提升乌干达农牧渔业的技术水平，提高贫困人口的生产、生活质量。

1. 中方提供技术支持，乌方多领域得到明显提升

该项目为乌干达在多个领域提供技术支持，有效提升其在农牧渔业的生产能力和粮食安全水平，经济效益明显，推动

乌干达农民增收和农村减贫。

粮食产量明显增加，农业生产能力有效提升。杂交水稻产量达 9 ～ 10 吨 / 公顷，约为当地高产水稻品种的 3 倍；杂交小米产量约为当地常规品种的 2 ～ 3 倍。项目示范带动乌干达 10 多个行政区种植小米 1050 亩、杂交水稻 900 亩，促进当地农民增收、粮食自给自足，提高农业生产能力，极大地增强乌干达发展农业、提高粮食安全水平的信心。

▲ 中国专家组示范的杂交水稻喜获丰收

园艺上运用的新技术在大面积生产应用中极有价值。在两期项目的推动下，中国苹果砧木良种繁育进入大规模生产阶段，中方指导乌干达农科院开展苹果砧木繁育 150 万株，这是过去 4 年总量的 2 倍；开展食用菌、马铃薯试验生产及芒果实蝇、柑橘黑斑病的防治试验，这在大面积生产应用中极有价值。

▲ 园艺技术受到当地农民赞扬

畜牧养殖规模明显扩大。中国专家组设计利用氨化饲料、种植象草以解决饲料质量和旱季缺草问题，提高秸秆的营养价值，增加牲畜的可食性和适口性。针对进口鸡笼成本高、养殖户难以承担的问题，专家组自行设计木制鸡笼并积极推广，为扩大养殖规模和集约化生产提供有效手段。

水产养殖方面开发新型生产方式。实施渔场设计、鱼苗孵化、幼苗运输、鱼塘设计及养殖、稻田养鱼、饲料加工等 6 个示范项目，使小规模饲料加工产量每天达到 800 千克，使鱼苗孵化率从 20% 提高到 80%、幼苗运输成活率从 79% 提高到 98% 以上。稻田养鱼已成为当地农民增收致富的一种新型生产方式。

2. 建设中乌农业合作产业园，全面提高生产、生活质量

该项目将发展合作和投资促进相结合，在为乌干达农业发展提供实用农业技术的同时，通过引入私营部门、建设中乌

农业合作产业园等方式，有效改善当地的基础设施、延长农业生产价值链、全面提高农民的生产和生活质量。

解决当地农业生产技术、农资与市场问题。产业园区采用“公司＋农户”模式，为当地农民提供良种、农资及免费的技术服务，同时按照合同收购农产品，搭建农户与市场之间的桥梁。目前，该项目已为当地 12 600 亩水稻种植区提供必要的物资供应与技术指导，形成以核心园区为龙头、梯次辐射带动当地农业发展的格局。

改善农业农村基础设施，保障农业生产和民生。产业园区投资 20 万美元在附近打机井 3 口、建水池 4 个，解决周边 1200 多户村民的生产、生活用水问题，受到当地民众的热烈欢迎。

增加就业机会，拓宽农民增收渠道。目前，产业园区在当地招聘留学欧美本科以上学历的中层管理者 6 人；聘用专门从事示范区工程与田间管理工作的当地长期雇员 216 人；由于农业操作的季节性，临时聘用人员达 1000 人次以上。当地人都以进入产业园区工作为荣。随着园区建设的不断推进，项目计划带动当地直接就业人数逾万人。

真实故事

罗伯特·萨古拉是一个生活在乌干达水稻产区布达来加区的农民，有 6 个儿子，总共 10 口人。自从中国专家组到当地指导种植水稻，他就成了当地的示范户。以前，他种植 2 英亩水稻。中国农业技术专家为其提供杂交水稻品种，并教他如何进行成行移栽和田间管理，使他种的水稻产量增加 1 倍。第一年他种了 2 英亩水稻，每英亩产量达到 4 吨，并且由于水稻质量好，可以碾出

2350千克大米。而若使用当地的水稻品种，每英亩只能收获2吨水稻，碾出1000千克大米。当地杂交水稻碾出的大米价格要比当地品种碾出的大米价格高出0.06美元/千克。

罗伯特发现种植杂交水稻获利丰厚。把种植杂交水稻和当地品种进行比较，种植1英亩杂交水稻要比当地品种多用3袋化肥（价格108美元）和10千克种子（价格105美元），种植成本增加213美元，但是种1英亩杂交水稻能比当地品种多获得1350千克大米，每千克大米的价格为0.75美元，约可增收1000美元，每千克大米的价格比当地品种贵0.06美元，约可增收60美元。这样，种植1英亩水稻可增收1060美元，每英亩水稻的收益可达1500美元。

罗伯特发现种植水稻收益可观，就扩大种植水稻的面积，开始种植5英亩水稻。种植杂交水稻后，他赚的钱可供儿子读私立学校，每年学费为400多美元。他还翻盖两栋房子，成为当地富裕的农户。

经验与启示

1. 以东道国的需求为导向是国际合作项目可持续发展的前提

在南南合作项目中，中国专家和技术员用两年甚至更长的时间深入农业生产一线，了解农民的需求，因地制宜推广符合东道国农业生产条件和小农户承受能力的实用技术。这些技术符合当地需求，易操作、见效快、好推广，从而取得良好的减贫效果。

2. 发展合作与投资合作相结合，提升项目的可持续性

在项目实施过程中，将中国农业对外合作战略与东道国的需求相结合，在因地制宜做好技术传播的同时，通过延伸价值链、开发市场、促进双边交流等形式带动农业投资、贸易。通过项目平台引进负责任企业投资，发挥农业对外援助、投资、贸易的拉动作用，有效解决非洲国家农业基础设施落后、农资投入不足、市场连接不畅等问题，撬动整个农业产业的生产活力，增强南南合作项目的可持续性。

3. 坚持权责平衡，提升东道国参与南南合作的主体性

与以往的单方面援助项目相比，联合国粮农组织框架下的“南南合作”是一种以联合国系统为平台的多边合作模式，涉及的利益相关方多，各方空间距离远，协调难度大。为加强各方参与、提升南南合作项目的有效性，该项目在三方协议中明确各方职责。乌干达作为项目东道国，在接受项目提供的技术支持同时，要为项目提供必要的配套资金和物资，并解决各类突发性事件，为中国专家组在乌干达开展工作提供有力保障。中国、联合国粮农组织、乌干达各有一名项目协调员，共同参与项目实施中的管理和协调工作。项目三方协议保证各方的共同参与，建立比较顺畅的多方合作机制，同时增加乌干达人员参与国际项目管理和实施的经验与能力。

分享减贫经验，打造合作样板

——中国国际扶贫中心东亚减贫示范合作技术援助项目

案例类型：社区综合发展

关键词：基础设施，公共服务，生计改善，能力建设

提交机构：中国国际扶贫中心

摘　要

为落实2014年第17次东盟与中日韩（“10＋3”）领导人会议上提出的“东亚减贫合作倡议”，东亚减贫示范合作技术援助项目在柬埔寨王国（以下简称“柬埔寨”）、老挝人民民主共和国（以下简称“老挝”）、缅甸联邦共和国（以下简称“缅甸”）落地实施。该项目开展改善社区基础设施和公共服务设施、发展产业和改善生计、开展能力建设、提供技术支持等活动，共有2900余户群众从中获益。该项目于2017年启动实施，2021年年底全面竣工并通过验收，完成政府间移交。该项目在实施过程中，贯彻精准扶贫理念，探索建立由中外方共同管理和实施的项目机制，坚持发动群众将小型活动交由当地实施。通过项目实施，极大改善项目村的生产、生活条件，有效增强项目村的自我发展能力，有力促进减贫经验的国际分享，锻炼提升国际减贫合作队伍的能力，探索创新援外项目的实施机制。

背　景

2007 年以来，中国和东盟国家在减贫领域的交流合作不断深化，建立机制化的交流合作平台，如“国际减贫与发展高层论坛”“中国—东盟社会发展与减贫论坛”“东盟与中日韩（‘10＋3’）村官交流项目”等，并积极对东盟国家开展减贫培训。以村级试点示范形式在伙伴国村庄开展减贫合作示范，是回应周边国家需求、深化减贫合作交流的重要举措。2014 年 11 月 13 日，在第 17 次东盟与中日韩（“10＋3”）领导人会议上中方提出实施“东亚减贫合作倡议”，并提供 1 亿元人民币，开展乡村减贫推进计划，建立东亚减贫合作示范点。为落实倡议，在中国外交部、商务部、财政部、国家国际发展合作署的支持下，原国务院扶贫办组织实施东亚减贫示范合作技术援助项目。该项目选择柬埔寨、老挝、缅甸为试点国家，用 3 年时间，在每个国家选择 2 个项目村实施，援助每个国家 3333 万元人民币，援助金额共计 1 亿元人民币。

项目实施

1. 发动群众参与项目设计，精准施策

在可行性研究阶段，借鉴中国参与式扶贫模式，召开群众大会、开展小组访谈和重点访谈等，充分发动群众参与项目设计。最终，根据群众需求并结合中方有效减贫经验和模式，确定包括改善社区基础设施和公共服务设施、发展产业和改善生计、开展能力建设、提供技术支持等项目内容。

2. 创新工作机制，双方共商共建

该项目由中国商务部国际经济合作事务局管理，中国国

际扶贫中心负责协助管理。四川省扶贫开发局项目中心（现为"四川省乡村振兴局项目中心"）、广西外资扶贫项目管理中心（现为"广西乡村振兴外资项目发展中心"）、云南省国际扶贫与发展中心分别与柬埔寨、老挝、缅甸的减贫主管部门成立国别项目的联合项目管理办公室，具体负责项目实施。

在项目实施过程中，中外方需要就方案、采购、标准等问题协调一致，如缅甸项目在按计划推进学校建设时，中方专家认为学校建筑应在确保工程质量最优的前提下进行设计，而缅方当时全国通行的统一样式学校建筑并不能达到质量最优的标准。为此，中缅双方进行反复协商，共同决定尊重缅方当地习俗，在保留学校原本外形的基础上对结构进行修改优化。

▲ 缅甸内比都市敏彬村村民和中方专家共同讨论项目设计

3. 创新采购机制，调动受援国积极性

根据自我组织、自我监督、自我管理、自我发展的项目实施理念，该项目将单项总价低于 500 万元人民币的工程在老挝、柬埔寨、缅甸 3 个国家进行采购。生计发展和社区小型建设项目采取社区参与式方式进行采购。村级实施小组组织实施，制订实施方案，经联合项目办审定后，组织村民开展采购和项目建设活动。通过参与以上项目活动，示范村群众对项目的获得感明显加强，项目的实施能力得到进一步提高。

成　效

1. 极大改善项目村的生产、生活条件

通过项目实施，各村的基础设施、公共服务设施及人居环境得到极大改善，村容村貌发生根本变化，长期困扰村民的用水难、用电难、出行难、看病难、就学难等问题得到解决。6 个项目村 2900 余户群众从中获益。生产、生活条件的改善不仅提升村民的获得感，也使他们看到发展希望、树立脱贫信心。

2. 有效增强项目村的自我发展能力

该项目因地制宜、因村施策，精准开展一批产业发展和生计改善活动。共有 550 余户村民直接参与产业发展示范活动，参与率近 20%。此外，该项目还开展各类培训 70 余期，培训学员约 3000 人次；组织来华培训 7 期，培训人员 78 人次。这些项目活动使村民学到技术，增加收入，提升自我发展能力。该项目在实施过程中重视贫困户、妇女等特殊群体的参与。

3. 有力促进减贫经验的国际分享

通过项目实施，中国向老挝、柬埔寨、缅甸三国分享精准扶贫、开发式扶贫、整村推进、参与式扶贫等经验和模式。三国政府首脑、政府及东盟国家有关部门部长、联合国粮农组

织等国际机构代表多次视察项目村，对项目做法和取得的成效给予充分肯定。中国国际电视台制作播出反映项目村变化的专题片《充满希望的村庄》，取得良好的宣传效果。新华通讯社、《人民日报》、中国中央电视台、中国国际广播电台等国内主流媒体与老挝、柬埔寨和缅甸的国家电视台等外媒对项目进行报道，引起广泛关注。

4. 锻炼提升国际减贫合作队伍的能力

中国国际扶贫中心和广西、四川、云南的 3 家项目实施单位的项目人员，通过参与项目设计和实施，对中国援外项目的立项、可行性研究、对外谈判、实施期管理、实地检查、技术支持、竣工验收等环节有了较为全面的掌握，开阔视野、增长见识、积累经验、提升能力。

5. 增进中国与老挝、柬埔寨、缅甸人民的友谊

该项目是中国扶贫经验与各国实际的有机融合，在立项、设计和实施过程中，中外双方将相互尊重、共同发展、合作共赢的理念贯穿始终。在工作中，中外双方的项目人员团结协作，一起深入农村农户，宣传动员，精准帮扶，使项目村群众真切感受到项目人员的热心和真心。

真实故事

柬埔寨联合项目管理办公室的项目人员进村摸排村情户情，瞄准村庄的致贫原因和贫困群体的实际需要，制订相应的脱贫计划。在项目村产业发展活动中，针对村民无地可种、产业层次低、产业基础薄弱的实际，他们及时调整项目内容，实施养牛示范、高温蘑菇种植、庭院经济和洗洁精加工项目，帮助村民节支增收，取得较好的示范效果。

▲ 柬埔寨项目新建的农村经济发展中心为村民活动、培训提供场所

经验与启示

1. 各方重视、通力合作是项目成功的根本保证

在项目推进过程中，各方减贫部门均给予高度重视和支持，多次听取联合办公室工作汇报，赴项目村实地检查指导具体工作。中国驻柬埔寨、老挝、缅甸的历任大使、商务参赞十分关心项目进展，多次视察项目村并参加项目活动。中国援外管理部门负责人也多次赴项目村实地检查项目工作。

2. 创新机制、规范管理是项目成功的重要前提

为推动项目顺利实施，项目探索建立中外联合项目管理办公室共同管理和实施项目的机制。为使项目符合当地实际，切实调动各合作伙伴国的积极性和村民的主人翁意识，项目将小型工程委托给当地企业承建，小型项目交由村级实施小组执行，最终项目既能符合当地实际需求，又能顺利通过中方验收。

3. 精准施策、综合发展是项目成功的重要理念

项目在规划、设计和实施中注重将中国“精准扶贫，精准脱贫”的理念与受援国的发展政策和农村实际有机结合，各类项目活动始终贴近当地群众的实际需求，因地制宜，精准施策。坚持普惠发展和特惠扶持相结合，推动基础设施、公共服务设施、产业发展、能力建设等方面共同提升、协同作用，并建立后续管理办法和长效运营管理机制，使项目成为高质量、可持续、惠民生、小而美的项目。

4. 群众参与、以人为本是项目成功的重要方法

在帮扶方式上，项目注重扶贫与扶志、扶智相结合，让贫困人口在摆脱物质贫困的同时，摆脱贫困意识，调动贫困村民的积极性。重点瞄准项目村的贫困对象及妇女和老人等特殊群体，建立带贫机制，带动其参与项目生计改善、技能培训活动，帮助其树立发展的信心。项目全程贯穿参与式减贫方法，保障项目区群众对项目的知情权、话语权、决策权和监督权，使群众认识到自己是项目的受益主体，充分发挥自主能力，直接参与项目规划、采购、实施、监督、验收、后续管理等工作，增强对项目的认同感、责任感。

政策支持

加强林业政策、社会保护和体面就业的协调一致以减少贫困
——联合国粮食及农业组织林业生态扶贫案例

案例类型：林业扶贫

关键词：社会保护，林业政策，体面就业

提交机构：联合国粮食及农业组织

摘　要

森林管理与中国的减贫密切相关。林业政策、社会保护干预措施和体面工作机会相辅相成，在减贫中发挥着越来越重要的作用。

中国开展的林业和社会保护政策研究项目的总体目标是：加强协调一致的社会保护、体面就业和林业政策以减少贫困，促进集体林区的可持续森林发展。该项目以国际劳工组织关于社会保护和体面工作的指标为基础，探讨中国林业部门体面工作的机会。国际劳工组织指出，体面工作是指在自由、公平、安全和尊重原则的基础上增加男女获得生产性工作机会的工作。联合国粮农组织为林业工作者调整了国际劳工组织的指标。因此，在中国的项目实施表明：项目干预方法是可扩展的，并可复制到其他地区。

中国国家林业局经济发展研究中心在联合国粮农组织的全面技术指导下负责实施该项目。该项目在中国的广西和福建

两省（区）开展，通过文献和政策回顾、农村住户调查、村庄重点小组讨论、国内研讨会和国际会议，将指标本地化。到2019年年底，该项目完成研究任务，实现预期目标，为中国以林为生社区的社会保护和林业政策协同减贫提供初步决策信息，探索中国林业政策研究的新领域。该项目主要在三个方面为中国减贫做出贡献：一是通过将社会保护、体面劳动和林业政策联系起来，探索一种替代性的政策途径在林区减贫；二是通过借鉴项目的经验教训，采取更多的社会保护措施，以在未来的扶贫政策中起到预防风险的作用；三是促进中国集体林区扶贫的初级跨部门合作。此外，该项目还向其他发展中国家分享经验做法：编写5份研究报告；面向社会保护和减贫代表、林业官员、学术研究人员和农民举办两次国内讲习班；项目代表出席在联合国粮农组织总部举行的有关会议，并就研究成果发表演讲。

背　景

森林管理与中国农村发展和减贫密切相关，林业政策和社会保障相辅相成，在减贫中发挥独特而日益重要的作用。随着社会保障事业的迅速发展，近十年许多林业基本政策都被纳入社会保障内容。例如，在天然林保护计划（NFPP）中，计划投资的一部分用于资助林业工人参加“五险一金”计划，为我国国有林的可持续发展提供有力支撑。“五险一金”包括养老保险、医疗保险、工伤保险、失业保险、生育保险和住房公积金。虽然设有这些标准，但各企业提供的社会保障差别很大。并非所有企业都有能力为员工提供社会保障服务，但许多企业是有能力的。同时，由于中国农村社会保障广泛实施，毁林压力明显减轻，从而促进林业政策的顺利实施。例如，城乡居民基本医疗保险、城乡居民基本养老保险和最低生活保障的广泛覆盖，显示出消除人们因贫困而陷入土地利用方式回归风险的潜力。确保这种情况不再发生是退耕还林计划（CCFP）的核心问题之一，它是中国最大的生态系统服务付费项目，涉及约4100万农村农户。

此外，为支持国家减贫战略，2016年中国国家林业局启动全国森林生态保护政策，旨在通过中央财政提供工资，招募符合条件的农村贫困劳动力保护当地森林，从而使家庭摆脱贫困。据统计，截至2019年10月，约有100万农村贫困人口被招募为森林生态护卫员。

与林业有关的贫困人口被部分专家称为“穷人中最穷的人”，因为这些地方往往比较偏远。此外，林业通常是劳动密集型产业，面临自然灾害和风险。因此，在全球化、气候变化和快速城市化的背景下，采取更多的社会保护措施促进林业扶贫，可以为中国林业政策提供新的方向。然而，政府部门和社会保护政策制定过程仍然是分开的，虽然一些社会保护政策已经实施，但几乎没有进行相关的学术研究。

社会保护越来越多地被作为一项战略，以减少发展中国家的贫困和粮食不安全，并减少受冲击的脆弱性。自2014年以来，联合国粮农组织通过在中国、布基纳法索、肯尼亚、乌干达和坦桑尼亚进行的国别案例研究、全球文献综述和政策简报等，探索林业社会保护概念，并将其应用于以森林为生的社区。在联合国粮农组织的支持下，中国率先开展一系列林业与社会保护政策相互促进的研究项目。

除了通过社会保护和林业减轻贫困外，体面的就业机会在改善农村地区人民生计方面也发挥着重要作用。国际劳工组织指出，体面工作是在自由、公平、安全和尊重原则的基础上增加男女获得生产性工作机会的工作。在这一模式中，联合国粮农组织能够调整中国使用的国际劳工组织指标，以便产生更好的影响。

根据国际劳工组织的定义，“绿色工作”是有助于保护或恢复环境的体面工作，无论是在制造业和建筑业等传统部门，还是在可再生能源和能源效率等新兴绿色部门。1998 年，中国在国际劳工组织标准的基础上发布《林业安全卫生规程》，2005 年制定并实施《森林采伐作业规程》。通过这些标准，中国的劳动保护、安全生产和环境、作业次数等已被列入林业标准。2007 年以来，中国积极推进森林认证，通过市场手段保护林业劳动者的权益。2009 年，中国国家林业局发布森林认证实施原则，进一步推动我国森林认证工作的开展。截至 2014 年年底，我国林业认证体系已获得 40 多个森林认证认可、计划成员国的认可。

项目实施

联合国粮农组织支持的林业和社会保护政策研究项目的总体目标是：加强协调一致的社会保护、体面就业和林业政策以减少贫困，促进中国境内集体林区的可持续森林发展。此外，该项目与其他发展中国家分享经验，利用国际劳工组织制定的社会保护和体面工作指标了解林业部门的劳工状况。在干预措施上，该项目有 3 项预期产出：一是编写 5 份研究报告，分别为《社会保护与林业政策的联系——中国的经验教训》（2017 年）、《扩张农村集体林业社会保障覆盖与加强林业政策方案衔接——以罗城县为例》（2018 年）、《评估中国农村集体林业体面劳动与绿色就业研究——以广西罗城县为例》（2018 年）、《试点基于福建省 300 户农户调查的中国南方集体林区社会保护指标》（2019 年）、《木材工业体面劳动指标试点——中国 51 家林业企业分析》（2019 年）；二是在中国举办两次国内研讨会，与会者包括社会保护和减贫代表、林业官员、学术研究人员和农民；三是项目代表 3 次出席在联合国粮农组织总部举行的有关会议，并就研究成果作介绍。

为实现既定产出，在项目省份收集项目数据和资料。收集的数据集涵盖广西壮族自治区罗城县的 61 户农户和 11 家林业公司及合作社、福建省 11 个县 9 个村的 300 户农户。该项目干预包括三个部分：关于社会保护、减贫和林业政策进展的文献综述；森林资源丰富的广西罗城县社会保护与林业扶贫案例研究及社会保护与林业扶贫指标体系的建立；国际劳工组织关于集体林区社会保护和林业减贫现状的指标与评估。

在罗城县，该项目对农村林区体面劳动的现状及其在扶贫中的作用进行研究，以国际劳工组织的体面劳动指标为基础，构建一套适合中国农村林业的就业质量指标体系。这套指标涵盖林业就业质量的主要方面，经过一定改进可以用来评价更广泛的林业企业的就业状况。在中国政府强有力的社会保障和促进就业政策下，集体林区林业企业的就业形势向好的方向发展。

在执行三个部分的同时，项目举办两次国内讲习班，并 3 次参加关于社会保护和林业扶贫的国际会议，项目组长出席会议。第一次会议是“社会保护促进森林依赖者恢复能力建设”会外活动；第二次会议是“创造林业与社会保护之间的协同效应”会外活动；第三次会议是专家会议，讨论加强林业政策和社会保护之间一致性的指导框架。

该项目从 2016 年实施至 2019 年，联合国粮农组织为项目提供资金 6 万美元，同时在中国调动人员和实物支持。虽然联合国粮农组织提供全面的技术咨询，但每个项目伙伴都有自己的责任。中国国家林业局经济发展研究中心负责总体项目组织，设计住户问卷，制定指标，审查、提交和完成所有研究报告，并在柳州和福州组织国内研讨会。北京林业大学负责罗城县住户调查，分析数据，起草报告。福建省调查总队负责调查福建省 11 个县城住户，并协助举办福州研讨会。

该项目在广西和福建开展。在广西，项目地点是罗城县的民族村、社甫村和纳翁乡。在福建，项目地点涉及建瓯市、武夷山市、漳平市、永定区、屏南县、政和县、仙游县、长泰区等。

该项目通过文献和政策审查、农村住户调查、村庄重点小组讨论、国内讲习班和国际会议展开，分为两个主要阶段：第一阶段是从 2016 年 6 月至 2017 年 6 月进行罗城县案例研究；第二阶段是从 2017 年 12 月至 2019 年 3 月审查福建省指标的影响。

为实现项目目标，该项目开展如下活动。

1. 罗城县住户调查和林业公司、合作社调查

研究样本分为农户、林业公司和林业专业合作社三类。该项目通过一对一访谈向农户收集信息，通过与管理者访谈向林业公司和合作社收集信息。

为探讨森林依赖人口的社会保障现状和减贫前景，并制定相关指标，该项目在广西罗城县开展农村入户调查，还对林业公司和合作社进行调查。罗城县是全国唯一的仫佬族自治县，也是全国扶贫开发和治理喀斯特荒漠化的重点县。

罗城县森林资源丰富，2016 年森林覆盖率为 67.5%。2016 年 8 月 23—31 日，中国国家发展和改革委员会和北京市人民政府联合调查组在罗城县纳翁乡民族村和社甫村进行入户调查。被调查的家庭以森林为生，多数从事森林管理和林业生产。平均每户林地 8.94 公顷，远高于全国平均水平。这项调

查涵盖人口、土地资源、农村生产、移民工作、社会保护和林业扶贫。

该研究主要涉及家庭是否贫困，贫困家庭的属性和贫困原因，家庭成员的健康状况和教育水平，参加、使用养老保险和医疗保险，家庭收入和支出，使用或需要技术服务，资产状况，对现有社会保护的满意度，以及对政策支持的需要。

为探索该地区的就业和体面劳动，该项目对林业公司和合作社的调查主要集中在两个方面：员工或社员的基本情况及公司或合作社的整体情况，主要从性别比、平均年龄、平均受教育程度、社会保障和平均工资水平等方面调查职工情况，对林业公司或合作社总体情况的调查包括产量和产值、对雇员或成员的培训、雇员或成员的保险、食品支出、雇员或成员的住宿和社会保护、劳动保护、遇到的困难，以及政策支持的必要性。

为帮助完成罗城县住户调查并起草研究报告，于 2017 年 3 月 20—21 日在广西壮族自治区柳州市举办研讨会。讲习班的主要议程包括介绍研究成果、国内外社会保护和减贫政策的进展，以及地方官员和居民对减贫政策的意见建议。会议由中国国家林业局经济发展研究中心组织，约 40 人参加，参会代表来自联合国粮农组织（罗马和中国办事处）、中国人力资源和社会保障部、广西壮族自治区林业局、北京林业大学、罗城仫佬族自治县人民政府，以及扶贫、社会保障和林业等相关县政府机构及农民、森林合作社。

2. 福建农村家庭调查评估集体林区社会保障与扶贫

2018 年 7—8 月，福建省 11 个县开展农户和村民重点小组访谈，调查中使用罗城案例研究中制定的指标。通过家庭调查和重点小组访谈收集有关人口和土地资源、森林管理、农村工作、林业政策和社会保护等信息，对集体林区社会保障与扶贫进行评估。最后，福建省林业厅工作组进行 300 个农户调查和 9 个自然村重点小组访谈。

2019 年 2 月 18—19 日，验证研讨会在福建省福州市举行。讲习班的目的是介绍项目产出，讨论社会保护和林业减贫方面的新趋势。研讨会由国家林业和草原局经济发展研究中心与福建农林大学联合主办，来自联合国粮农组织、中国国家林业和草原局、福建省林业局、中国社会科学院、中国农业大学等机构约 40 人参加。在研讨会后，对福建省顺昌县进行实地考察。

成　效

到 2019 年年底，该项目完成全部研究任务，实现预期目标，为依托林业社区的社会保护和林业政策协同减贫提供初步决策信息，探索中国林业政策研究的新领域。

实地调查结果表明，林农和林业工作者都是特殊群体，政府提供的基本社会保护不足以减轻他们所面临的风险和脆弱性。以家庭为基础的森林管理仍然依靠马匹和人力，这导致受伤的风险很高，而森林公路的短缺加剧了这种情况。然而，没有关于家庭参加林业或伤害保险的调查，使他们更加脆弱。技术支持不足导致两个调查村的森林退化加剧，削弱其未来发展潜力。除有能力提供基本社会保护的大型林业企业外，林业公司和合作社的社会保护不足。此外，我国没有专门针对林业部门的社会保护政策。研究结果表明，需要加强林业政策与社会保护之间的协调，如补贴工伤保险等。

该项目为加强一致性和减少贫困提供主要决策信息，还通过国内讲习班鼓励林业部门、社会保护和减贫部门之间开展跨部门合作。该项目的具体成效如下。

1. 为连贯的社会保护和林业政策提供支持

该项目通过文献回顾与政策进展，探讨林业政策与社会保障的内在联系。通过建立集体林农减贫基地，社会保护可以减轻毁林压力。同时，为促进森林可持续经营，中国林业部门制定森林生态基金、森林保险补贴、森林生态卫士等政策，发挥社会保护作用，增加农民收入，降低森林经营风险。例如，确定政府补助平均占被调查的福建省家庭收入的 10.22%。在这些福利中，家庭平均获得社会保障资金 3212 元，占家庭福利总额的 26.71%；林业补贴每户 6151 元，占家庭福利总额的 36.19%。这些家庭是 2018 年福建省社会保障和林业补贴收入被调查家庭，资料来自福建省发展和改革委员会、福建省财政厅对福建省 300 户居民的调查结果。

因此，通过探讨林业政策与社会保护的内在关系，为集体林区的扶贫原则提供初步支持，为中国林业政策研究开辟新的领域。该项目根据中国集体林业现状，设计并测试社会保护和林业减贫指标，为加强林业与社会保护的协调提供技术支持。

2. 促进林业扶贫跨部门合作

中国集体林区地处边远地区，一直面临自然风险和市场风险。集体林区的林业政策和社会保护之间出现一些早期的一致性迹象，这可以减少贫困和林业管理的风险。农村入户调查显示，大部分农民同时参加城乡居民基本医疗保险和养老保险，部分农民参加林业保险，部分农民获得不同程度的医疗和教育资助。虽然森林经营通常是劳动密集型，而且工伤率较高，但罗城县调查家庭中没有一户购买过工伤保险，这主要是由于他们对保险问题缺乏认识。

2016 年调查的罗城县贫困原因显示，43% 的人患有疾病，

33% 的人有其他经济困难，9% 的人是残疾人，6% 的人有教育和劳动相关的原因，3% 的人有土地问题。这些数据来自国家发展和改革委员会和北京市妇女联合会对罗城县 61 户居民的调查结果。被调查的 61 户家庭都经营林业，如森林抚育、采伐、薪材采集和森林经营。造林最多的是商品林培育，从事幼林抚育的农户数量较多，占家庭林业经营活动总量的 55.88%。

2018 年，通过福建省发展和改革委员会与福建省林业厅对福建省 11 个县 300 户居民的调查数据，对福建省居民的社会保障和森林保险覆盖率进行调查。据调查，98% 的家庭有医疗保险，89% 的家庭有养老保险，11% 的家庭有教育补助，10% 的家庭有森林政策保险，15% 的家庭有其他林业保险。

3. 加强林业治理

虽然该项目范围不大，但通过住户调查、实地访谈和讲习班，在不同政府部门和不同项目参与者之间进行有效沟通，确实加强了林业治理。首先，林农能够听到自己的声音；其次，各级政府都了解林农，并熟悉国家和国际的政策动向，如在柳州研讨会上与会者覆盖中国各级行政机构，从村、乡、县、省到中央政府；再次，这是集体林区进一步开展跨部门减贫合作的良好开端，因为林业、社会保护、减贫等领域的不同机构参加讲习班，并进行富有成效的讨论；最后，从长远来看，上述成果将最终促进中国林业治理。

4. 就业和社会保护

在罗城县调查中，每个林业合作社年内提供 40 多个就业岗位，大部分就业岗位分配给附近农民。但是，合作社提供的工作主要是临时性工作、季节性工作，无法长期维持。相比之下，林业公司提供更多的固定工作岗位，而且公司规模越大提供的固定工作岗位越多。

被调查企业和合作社为罗城县职工提供的社会保障总体有限，这是因为大部分职工是已经参加基本医疗保险和养老保险的当地农民。除此之外，大多数职工宁愿不要“五险一金”，因为他们必须支付部分费用。鉴于职工在工作条件下面临的高风险，一些公司购买了工伤保险。

虽然林业企业没有为员工提供完整的“五险一金”或其他额外的社会保障，但所有被调查的林业企业都为员工提供免费宿舍和食堂，员工们认为这是重要的。此外，广西玉麒木业股份有限公司等还定期进行安全培训，提高员工的安全意识，同时出于安全和健康考虑，要求员工在工作中必须佩戴口罩和手套。与自谋职业的林农相比，那些在林业企业工作的农民确实得到更多的福利和安全支持，并且拥有更体面的工作。

5. 与世界分享中国经验

联合国粮农组织公布该项目研究的初步结果。从 2016—2019 年，项目组参加在联合国粮农组织总部罗马举行的 3 次国际会议，介绍中国社会保护和林业政策在集体林区减贫方面的主要研究成果与经验。

森林与贫困一直是国际林业界争论的话题。然而，迄今为止，大多数林业减贫措施仅限于内部林业倡议，如世界银行推动林业方面的 5 项减贫措施，即生产力、森林保有权和权利、公共就业、市场准入和林区公共服务。21 世纪初，中国意识到如果不消除林区的贫困，就无法实现可持续森林管理，因此中国的许多基本林业政策和战略都包含具体的减贫措施。中国经验的两个方面可以在全球分享：一是通过引入社会保护和森林保险等减贫要素丰富林业减贫政策，如环境森林补偿基金、退耕还林计划补贴；二是加强社会保护与林业政策之间的协调，对农村减贫具有重要意义。

真实故事

项目受访者之一陈阳祥是广西罗城县纳翁乡民族村的农民。他出生于1968年，为瑶族。他家有3口人，被政府认定为因病致贫户。2016年，他的农场有1.1亩农田和15亩林地，其中1亩退耕。

在社会保障方面，他家3口人2012年全部参加农村居民基本医疗保险。此外，作为户主的陈阳祥还从2010年起参加农村基本养老保险。由于参加了社会保障，2016年他家共获得3210元的转移性收入，其中2000元用于报销医疗费用。在他家3000元的医疗费用中，这笔报销医疗费用占66.7%。由此可见，大约2/3的医疗费用由社会保障支付。此外，在3210元的转移性收入中，贫困户补贴960元、退耕还林补贴125元、农业补贴125元。

总之，陈阳祥家作为转移性收入获得的社会保障约占其家庭总收入的18%。

经验与启示

在中国实施社会保护和体面工作指标上，林业部门的工作环境是一个试点，该项目成功地实现了目标。国际劳工组织在中国本地化指标的使用得到很好的管理。然而，从该项目和进行的调查可以看出，社会保障仍然有限，须改进。

在就业机会数量方面，新的林业经营实体有可能提供大量就业机会，并选择当地工人，主要是附近的农民。根据有针对性的扶贫倡议，贫困家庭在分配就业方面得到优惠待遇。然而，这些实体目前提供的工作种类有限，主要限于相对简单的管理和保护活动。此外，提供的就业机会不稳定，农民可能需要经常换工作。值得注意的是，新实体对女工的需求大于对男工的需求，因此妇女可以更容易找到能产生额外收入和提高家庭生活水平的工作。

与自由职业相比，在新的商业实体工作更体面。在离家近的合作社或林业公司工作，农民不必离开家乡和家庭，就能获得相对更高、更稳定的收入。此外，临时工可以赚取工资，而不必放弃自己的森林和农田管理活动。在林业合作社工作的农民可以通过许多合作社提供的培训课程学习新技术。

罗城县的实地调查表明，在退耕还林地区，造林、采伐等传统林业工作仍然是林业就业的主导。与此同时，非木材林产品生产、森林旅游等新兴产业也在迅速发展。森林加工业有能力为林业劳动者提供必要的劳动条件和基本的社会保障。虽然基本养老和基本医疗保险制度为林农提供基本的社会保障，但是许多林业相关就业类型的社会保障不足。有保障的森林保有权有利于绿色工作，林业扶贫倡议帮助农村贫困人口获得与林业有关的工作。

国有林业企业的社会保险状况优于民营林业企业。调查结果表明，国有林业企业职工全部参加“五险一金”全套保险，而民营林业企业职工完全参加“五险一金”的只有 5 人，占总数的 13.89%。民营林业企业职工参保率偏低的原因主要是制度安排。虽然国有林业企业必须参加“五险一金”，但对民营企业来说并不总是这样。此外，许多职工仍然具有农村居民身份，他们通常参加其他基本养老保险和医疗保险，特别是当地职工。在这种情况下，他们没有必要参加“五险一金”。

该项目在 3 个主要方面为中国的减贫做出贡献。一是通过将社会保护与林业政策联系起来探索另一种政策方法，以减少林业地区的贫困；二是采取更多的社会保障措施，作为未来扶贫政策的风险防范，将提高中国农村扶贫战略的有效性；三是促进中国集体林区在减贫方面的跨主要部门合作。

项目实施取得 3 项关键经验和教训：一是以国家定向扶贫战略为总体指导，围绕扶贫中的社会保障、林业等重点问题设计实施。二是在联合国粮农组织的大力支持下，成功在不同项目阶段的各利益相关方之间建立有效的联系和互动，其中包括中央和地方、政府和学术界、农村家庭和地方行政人员及不同的政府部门，项目执行因此得到加强。三是以丰富的森林资源和减贫作为项目选址的基本指标，保证研究结果的相关性，如罗城县两个调查村森林资源丰富，但都很贫困，调查农户大多从事木材生产；接受调查的 300 户福建省家庭大多居住在森林资源丰富的县城。

虽然该项目总体取得成功，但在实施项目方面仍存在一些挑战。一是社会保障与林业扶贫政策的衔接是一个新的领域，还有很多需要进一步探索的地方。二是了解相对复杂的社会保障体系对林业专业人员来说是一个挑战，这难免会限制项目的产出。三是由于研究区域大，所有项目合作伙伴都超负荷工作，限制他们对项目的投入。此外，一些地方合作伙伴的能力有限，在一定程度上影响项目成果。

总之，当前世界正面临前所未有的变化，政治、经济和环境的不确定性日益增加。由于社会保障具有保护性、预防性、促进性和变革性等特点，所以在国家农村发展战略下中国将采取更多的社会保障措施。同时，中国林业部门将加强社会保护与林业之间的协调以减少贫困、防止复发风险，特别是在集体林区。为应对气候变化、农村劳动力转移、城乡共同发展，以及促进林业可持续经营的需要，中国须特别为贫困林区设计社会保护措施。

中外合作的小额信贷扶贫

——宁夏东方惠民盐池小额信贷扶贫模式案例

案例类型：金融扶贫

关键词：小额信贷，妇女客户

提交机构：联合国粮食及农业组织，中国农业农村部国际交流服务中心，福建省农业农村厅

摘　要

盐池小额信贷扶贫模式是宁夏回族自治区盐池县委、县政府和中国农业大学、爱德基金会、法国沛丰协会探索的成果，后期获得欧洲 INCOFIN 投资管理公司和丹麦发展中国家投资基金公司的联合股权投资，成立宁夏东方惠民小额贷款股份有限公司（以下称“惠民信贷”）。经过 25 年在实践中的不断探索、总结和完善，惠民信贷结合宁夏当地实际创造性地构建“信贷资金＋培训服务”和“低额度、广覆盖、高还款和高效益”的独具特色的小额信贷模式，创新形成具有可操作性、可推广性、指向贫困人口并有效解决贫困地区自我发展的本土化小额信贷模式，即盐池小额信贷扶贫模式（以下简称“盐池模式”）。盐池模式创新性地以信用保证为主的联保贷款作为信贷产品，以基层推广员为纽带建立富有亲情的信贷网络组织，秉承“贷给客户一笔款固然重要，提升她们的能力从而改善她们

的生活更重要”的服务理念，为农村地区低收入妇女提供“三位一体一站式”的金融和非金融服务。

背　景

六盘山集中连片特困地区是国家级贫困区之一，素有“苦瘠甲天下”之称。25 年来，惠民信贷始终坚持面向六盘山特困地区，以低收入家庭妇女为主要对象，秉承“厚德亲民，兼爱互利”的价值理念，践行“面向‘三农’、妇女为主、关注贫困、微贷惠民”的宗旨，通过不断进村入户、实地走访，向帮扶对象宣讲扶贫政策，了解具体情况，因地制宜、因情施策，制订针对性帮扶计划，用足用好扶贫小额信贷政策，做到应贷尽贷，为贫困户生产发展提供有力保障。

项目实施

宁夏东方惠民小额贷款股份有限公司始于 1996 年，源于盐池小额信贷项目。2020 年，惠民信贷获得欧洲 INCOFIN 投资管理公司和丹麦发展中国家投资基金公司的联合股权投资，成为中国第一家既有境外投资者参股又有境外投资者贷款的外商投资企业。

截至目前，惠民信贷建成县级分公司 8 个，子公司 3 个，员工 161 人；信贷业务覆盖宁夏南部低收入地区的 10 个县(区)的 80 个乡（镇）、1088 个村，有 1368 个信贷中心；有效客户数 1.5 万户，全部为农民，其中妇女客户占 96%；累计发放小额信贷超 30 亿元人民币，累计服务支持农户超过 15 万户，直接受益人口近 50 万人。

1. 信贷产品

惠民信贷成立伊始就致力于帮助贫困地区的贫困人口，特别是农村妇女的自我发展。由于她们享受金融服务的幅度较小，且不具备抵押和质押以获取优惠贷款的条件，所以惠民信贷有针对性地进行产品设计，信贷产品主要是以信用保证为主的联保贷款。

（1）目标群体明确。惠民信贷的联保贷款以注重自身信用、有发展意愿、无不良嗜好、勤劳持家的农村低收入已婚妇女为主。这种以妇女为服务对象的产品设计是小额信贷的独创。

（2）额度低。联保贷款产品注重小额，单个农户贷款 1 万元起步，根据客户在贷款期限内的信用状况逐轮授信，最高授信可达 5 万元。

（3）适度的利率。经市场调研，惠民信贷的联保贷款利率确定为略高于同期商业银行利率，目前执行的利率为 14.3% 和 15.3% 两种。

（4）按月归还利息，到期一次性还本。客户按月参加惠民信贷村组例会归还贷款利息，到期一次性归还本金。

2. 核心竞争力

由于信息不对称，所以信贷供给方的贷款无法到达真正需要资金的客户手中。为解决这一银行业的共同问题，惠民信贷从两方面开展工作：一是使信贷供给方真正沉下去；二是打造熟人圈，即“富有亲情的信贷网络组织”，形成惠民信贷的核心竞争力。

（1）坚持小而分散，形成自动瞄准贫困人口的制度。特定的服务对象（农村低收入妇女）、小额度（1 万元）起步、高于银行的利息（年利率为 14% 左右），这样的产品设计保证信贷能够通过优势人群自动到达真正需要贷款的低收入农户。

（2）将分散的客户组织起来，形成以农村社区熟人圈为基础的信贷网络组织。惠民信贷找到或创造一个个熟人圈，4～7户农户自愿组成联保小组，若干联保小组组成村级信贷大组，这样能通过农户相互熟知的关系排除不良客户，能利用客户组织内部小团体的道德约束机制促进还贷，还能搭建一个客户相互学习、交流的平台，进一步挖掘并培育新的信贷需求。每个推广员平均约负责20个村组，将分散的农户与公司联系起来，形成完整、富有亲情、相互熟知的网络组织。

（3）建立一支以基层推广员为骨干的农村业务团队。惠民信贷坚持“管理专业化，业务本土化，就近招聘，方便服务”的原则，使当地农村已婚妇女成为推广员，即“赤脚信贷员”。虽然她们文化水平并不高，但她们在农村留得住，能够很好地与农民沟通，保证公司业务下沉到农村社区，服务到达低收入农户。

（4）推行一套参与式农村工作方法。除信贷资金外，惠民信贷设计并提供一系列非金融服务，每年都会拿出净利润的10%开展一系列非金融活动。其中，广大农村妇女参与的“三八”文艺汇演已连续举办20届，有8万余人次参与，有近4万人次参与为提升农村妇女发展家庭经济而开展的13届技能竞赛活动，累计完成100场次针对农村妇女开展的金融教育服务项目，直接受益妇女近万人。

▲ 妇女客户参加惠民信贷组织的文艺汇演

成　效

1. 实现减贫和公司可持续发展双赢的目标

统计结果显示，目前惠民信贷的客户中，中低收入客户占比 92.2%。在实现可持续发展的同时，惠民信贷累计发放贷款近 30 亿元，支持农户 15 万余户，直接受益人口近 50 万人，产生了广泛的社会影响和良好的社会效益。惠民信贷近 5 年的经营情况见下表。

惠民信贷近 5 年的经营情况　（单位：万元）

项目	2016 年度	2017 年度	2018 年度	2019 年度	2020 年度	2021 年度
营业收入	5145.96	6476.32	6976.99	6247.62	4308.94	3903.10
营业成本	-4275.67	-4420.99	-4645.27	-4514.70	-2847.94	-2917.20

续表

项目	2016 年度	2017 年度	2018 年度	2019 年度	2020 年度	2021 年度
营业利润	870.29	2055.33	2331.72	1732.91	1461.00	985.89
营业外收入	215.39	3.35	7.15	0.10	0.00	11.22
营业外支出	-4.85	-6.91	-11.10	-8.96	-4.94	-4.25
利润总额	1080.83	2051.77	2327.77	1724.06	1456.06	992.86
所得税费用	-373.53	-296.71	-317.52	-212.22	-334.41	-96.24
净利润	707.30	1755.06	2010.25	1511.84	1121.65	896.63
归属于母公司股东的净利润	697.46	1779.19	2014.86	1495.01	1134.88	896.64
少数股东损益	9.84	-24.13	-4.61	16.82	-13.23	0.09

2. 增加客户收入，实现广大农户自我就业

多样化的非金融服务提高了客户经营项目的成功率，增加客户的收入。2019 年对 2126 户小额信贷客户项目经营情况进行统计的结果表明：户均每年每笔 1000 元贷款可纯盈利 388.46 元（毛收入 728.54 元）。通过惠民业务，5 万名以上的农村劳动力实现自我就业。

3. 小额信贷促进妇女发展

广大农户在参与丰富的活动及项目经营中，能力得到提升，她们走出家门到县城参加活动。30 余名贷款妇女获得“全球微型创业奖”（其中 18 人到北京领奖）、“创业女能手”、“三八红旗手”等。1 名贷款妇女获得“法国全球社会影响奖”，于 2011 年到法国巴黎领奖。

4. 改善村风，丰富农村社区精神文化生活

因为小额信贷，之前不常来往的邻里通过惠民信贷每月组织的村组活动，相互交流生产经验，改善了村风、庄风。

5. 对中国公益小额信贷行业产生积极的推动作用

盐池模式在同心县、红寺堡区、原州区等地的成功推广，说明其具有较强的可复制推广性。中央电视台的公益栏目等多家媒体多次对惠民信贷进行报道。惠民信贷经选举成为中国小额信贷联盟的常务理事单位之一，获得该联盟颁发的 2014 年度最佳微型金融机构奖。目前，国内已经有近 10 家公益小额信贷机构尝试效仿惠民信贷进行企业化改制。

真实故事

故事 1

70 岁的汪淑莲是盐池县农村妇女创业的杰出代表。1996 年，惠民信贷在盐池县王记沟村开展信贷扶贫项目，鼓励围着灶台转的汪淑莲贷款 1000 元饲养 6 只羊羔。几年后，实现滚动发展的她主动增加贷款养羊，还利用当地资源先后开办两家石膏厂。当选村委会主任后，她继续作为惠民小贷项目大组长，带领王记沟村发展成为富裕村。2011 年，她成为宁夏赴法国捧回“全球小额信贷微型企业家社会影响奖”的第一人。

▲ 2011 年，汪淑莲在巴黎领取“法国全球社会影响奖”

故事 2

杜银花是一位腼腆内敛的农村妇女。2005 年，惠民信贷到她所在村进行信贷业务宣讲。初见时，她仅打了个招呼就躲在自家卧室里，她的丈夫与工作人员交谈。之后因为多次见面，她能与工作人员进行交流。想到自己也能贷款，她便下定决心贷款 500 元养羊。家里老人患病瘫痪在床，孩子又在上学，对想养羊却没资金的她来说，这笔贷款带给了她更多的希望。

通过不懈努力，2013 年她获得花旗银行妇女微型创业奖。如今她的生活是另一番光景：房屋由当初漏雨的土坯房变成整洁气派的小庭院，家里还有农用车、小汽车。现在，她能独立联系羊贩谈生意，还能和其他妇女在各种节日活动中展示自己。正如杜银花所说，是小额信贷改变了她的生活，让她在这块“跳板”上跳得更高。

经验与启示

（1）在中国农村，通过熟人圈解决信息不对称问题对信贷业务是非常有效的。

（2）由于员工来自农村、住在农村，为附近的村民提供服务，在文化层次上与当地农民相近，所以可以提高服务质量，甚至增强服务效果。

（3）选择妇女为贷款对象、小额并逐轮增加额度、利用熟人圈的道德约束力等一系列与人文伦理相关的制度设计，可确保较高的贷款回收率。

（4）建立村级信贷组织、每月召开村组例会、开展培训、组织一系列非金融活动等，可增强客户组织的凝聚力，提高客户的能力，培育并挖掘客户的信贷需求，进而彰显小额信贷对促进农村发展的重要意义。

（5）在中国，小额信贷机构不是越多越好，而是要追求质量、宁缺毋滥。对于好的小额信贷机构要给予重点扶持、严格监管。

（6）中国普惠金融的重点是发展低端金融、特色金融，大力发展小额信贷是对中国普惠金融体系的有益补充。虽然一些金融机构在农村开展了一些业务，但不能以这种暂时的信贷送达代替普惠金融体系的构建，更不能忽视对低端金融机构的培育。

专项贷款支持减贫事业

——中国进出口银行实施新开发银行专项贷款项目

案例类型：金融减贫

关键词：专项贷款，转贷模式，欠发达地区，经济可持续发展

提交机构：中国进出口银行

摘　要

为应对和缓解新冠疫情对我国造成的影响，金砖国家新开发银行（以下简称“新开发银行”）向我国提供金融中介机构专项贷款资金 70 亿元人民币，支持我国疫情后经济恢复和可持续发展。新开发银行基于疫情后我国经济恢复的初步成果，提供该笔专项贷款并选择金融机构转贷模式，目的是通过转贷方式将贷款资金用于受疫情直接影响和冲击较大的领域与重点行业，扩大并有效提升项目效益及影响。中国进出口银行作为执行机构，以中间信贷方式转贷其中 49 亿元人民币。该笔专项贷款有利于在中长期促进我国经济实现可持续发展。其中，有多个项目位于我国经济发展欠发达地区，均利用当地的区域优势，改善低收入人群的生活水平，为中国减贫事业添砖加瓦。

背　景

新冠疫情暴发给世界经济复苏蒙上阴影，许多国家的经济发展都陷入停滞，甚至倒退。为做好外防输入、内防反弹，巩固疫情防控取得的成果，同时恢复正常的生产、生活秩序，精准有序、扎实推动复工复产，国际金融组织与国内政策性银行纷纷行动，以转贷、联合融资等形式共同支持基础设施、可再生能源等可持续发展项目，不断促进经济增长和就业。

新开发银行专项贷款条件较为优惠、期限较长、支持领域较广，目的是推动中国经济复苏和可持续发展。新开发银行选择执行力强的金融机构以中间信贷方式实施项目，希望利用金融机构自身的组织机构优势、客户资源优势和市场经验优势，实现专项贷款精准投放、快速实施、尽早见效。此外，以中间信贷方式实施贷款还能带动金融机构自身和其他社会资金投入，发挥专项贷款的撬动作用，进一步扩大专项贷款的经济效益、社会效益和国际影响。

项目实施

1. 多方统筹合作，迅速制订方案

在国家发展和改革委员会与财政部的指导和支持下，由中国进出口银行转贷部总体负责新开发银行专项贷款项目的实施。

2021 年 3 月 18 日，财政部与新开发银行签署支持中国抗击新冠疫情、经济复苏紧急援助贷款的协定。2021 年 5 月 20 日，中国进出口银行与财政部签署该专项贷款的转贷协议，并迅速制订新开发银行专项贷款项目实施方案。

2. 项目优中选优，注重社会效果

中国进出口银行严格按照国家主管部门有关政策和新开发银行的要求，根据支持领域筛选项目，并且严把客户授信关、项目评审关和贷款支付审核关，确保贷款资金合规安全使用。

经过严格筛选，项目最终确定专项贷款项目 18 个，覆盖全国 9 个省（区），涉及领域包括环境保护、节能和可再生能源等，预计项目全部落地实施后可创造就业机会 1827 个，带动农村人口收入增量 3930 万元，对中小企业资金投放达 32.73 亿元。

3. 项目达到实施要求，成效显著

中国进出口银行将专项贷款资金全部用于支持中长期固定资产项目，实现新开发银行设立该笔转贷款的初衷。同时，作为政策性银行，中国进出口银行不但引资、引技和引智，而且引入国际标准和理念，全力用好专项贷款，同步做好对外宣传工作，对标国际标准，突出项目示范效应。专项贷款支持的项目实现放款后，得到广泛的社会关注与认可。

4. 典型项目实施情况

（1）京能康保风电项目。该项目坐落于河北省张家口市康保县。康保县曾经是国家级贫困县，属于河北省经济较为落后的地区。近年来，康保县立足于自身实际，依托产业扶贫，大力发展新能源产业，使其变成带动贫困人口脱贫的“真金白银”。

京能康保 45 万千瓦风电项目总投资 32.92 亿元，是张家口—北京可再生能源清洁供热示范工程配套风电项目的标杆工程，占其装机总容量的 37.5%，是单体投资最多、建设标准最

高的奥运风电项目。该项目由中国进出口银行利用新开发银行专项贷款支持，融资金额 5 亿元人民币。截至目前，该项目贷款资金已全部投放到位，为 2022 年北京冬奥会、冬残奥会配套工程提供清洁能源，为举办绿色低碳冬奥会提供有力支撑。

▲ 京能康保风电项目现场 1

（2）百色平果海城 70 兆瓦风电项目。该项目位于广西壮族自治区百色市，总投资 54 470 万元，风电场工程装机规模 70 兆瓦，正处于建设期。预计项目建成后，年发电量达到 1.4 亿度，可以带动当地每年增加 6000 万元收入，所缴纳的增值税附加及所得税将有效带动当地经济社会发展，而且工程建成投产后对解决地区电网缺电问题，增加当地就业岗位，促进地区经济发展，提高民众生活水平，提高能源利用效率，改善环境都具有深远的意义。

▲ 京能康保风电项目现场 2

（3）贞兴生活垃圾焚烧发电项目。该项目位于贵州省贞丰县。贞丰县曾经是国家级贫困县，属于贵州省经济较为落后的地区。该项目于 2020 年立项，总投资额约 3.12 亿元，项目贷款需求约 2.5 亿元。2021 年，中国进出口银行利用专项贷款资金支持该项目建设，有效减轻企业的财务负担，推动当地乡村振兴事业发展。

该项目建成后将形成日处理生活垃圾 600 吨，年处理生活垃圾 21.9 万吨的垃圾处理规模，有效解决两个县（市）的城市垃圾污染和资源回收问题，为两个县（市）营造整洁的市容环境，对改善生态环境具有较好的作用。同时，该项目建成后的电能供应将减少 5.6 万吨标准煤的碳排放量，推动碳减排战略在贵州省的实施。

（4）雄安新区垃圾综合处理设施一期工程项目。该项目位于雄安新区东南，是国内埋深最深、跨度最大、顶部荷载最重的垃圾综合处理设施，总投资 30.66 亿元，拟利用专项贷款资金 5 亿元，总建筑面积 23.8 万平方米，采用“去工业化”

设计，超低排放达到世界领先水平，是国际一流、绿色、现代、智慧的垃圾综合处理中心。雄安新区垃圾综合处理设施将湿地景观与现代工业融为一体，践行“零填埋”理念，推动雄安新区“无废城市”建设，建成后将实现发电垃圾焚烧 2250 吨 / 天。

成　效

新开发银行贷款项目效果显著。截至 2022 年第一季度末，专项贷款累计创造就业机会 1609 个，带动特殊群体（主要是农村人口）工资收入增量 2930 万元，支持贷款项目上下游采购及销售金额达 48 亿元，给中小企业用于维持正常经营活动的资金支持 3.17 亿元；专项贷款投放向欠发达地区有所倾斜，带动当地经济可持续发展，增加低收入群体就业，提高居民收入，改善当地居住环境，促进乡村振兴。

经验与启示

1. 多方协作合力足

新开发银行专项贷款项目的顺利开展，离不开国家财政、发展改革部门和相关地方政府的大力支持，形成良好的银政企三方合力。中国进出口银行作为政策性金融机构，始终坚持政策性定位，坚持政策导向，兼顾社会效益，支持减贫事业，体现了政策性银行的担当。

2. 国际交流促减贫

新开发银行专项贷款项目是中国进出口银行加强国际经济合作的又一典型案例。中国进出口银行成功转贷新开发银行资金，并有意向欠发达地区倾斜，使项目所在地的经济受惠，促进当地减贫事业的可持续发展。对于所支持项目的评价标准，该项目引入国际金融机构的规范，重视对特殊群体的改善效果。

3. 因地制宜可持续

欠发达地区经济落后的原因各异，只要充分研究当地的环境或资源特点，就能发现其比较优势。人迹罕至的中西部地区具有东部少有的光照条件和风力强度，无疑更适合发展绿色发电产业，并给当地居民带来可观的收入。新开发银行多个专项贷款项目（均为长期贷款项目）投向中西部地区的绿色能源领域，践行可持续的减贫理念。

以主权外债“金融中介转贷款”模式支持恢复涉农产业

——中国农业发展银行支持靖海集团、广西农垦集团案例

案例类型：金融减贫

关键词：主权外债，转贷款，农业产业链

提交机构：中国农业发展银行

摘　要

新冠疫情对农业产业链、供应链产生巨大的负面影响。为应对疫情挑战，中国农业发展银行（以下简称“农发行”）采用“金融中介转贷款”模式，申请利用金砖国家新开发银行（以下简称“新开发银行”）21 亿元主权外债。在财政部、国家发展和改革委员会等政府主管部门的指导下，农发行积极支持涉农产业链恢复、农产品流通体系建设、农业农村基础设施建设等重点领域，以加速疫情后涉农企业复工复产，促进农民中长期增收和保障就业，增强社会可持续发展能力。

背　景

新开发银行支持中国疫情后经济恢复发展专项贷款的目标是支持中国主要经济部门快速恢复生产、创造就业机会，并

对受新冠疫情影响而断裂的供应链、产业链进行缓和与修复。农发行作为全国唯一一家农业政策性银行，在财政部、国家发展和改革委员会的指导和支持下，把支持疫情防控、复工复产、“六稳”“六保”作为重大任务，首次申请使用国际金融组织主权外债转贷款资金，并提供配套资金，不断加大支农惠农金融服务力度。

项目实施

1. 利用主权信用借入国际金融组织应急资金

2020 年 12 月，促进疫后经济恢复发展项目经国务院批准，被列入国家发展和改革委员会、财政部联合发布的《我国利用新开发银行贷款 2020—2021 年备选项目清单》。财政部、国家发展和改革委员会与新开发银行进行多轮磋商，由新开发银行安排等值 10 亿美元专项贷款，并选择农发行作为执行机构之一，采用中间金融机构转贷的方式实施贷款，以提高资金使用效率，确保贷款资金尽快投放、尽早见效。2021 年 2 月，新开发银行执行董事会以快速通道方式批准支持疫后经济恢复发展金融中介转贷款项目。3 月，财政部与新开发银行签署《中华人民共和国与新开发银行贷款协定》。

2. 农发行开展转贷业务并提供配套资金

2021 年 5 月，农发行与财政部签署《财政部与中国农业发展银行关于新开发银行贷款支持疫后经济恢复发展金融中介机构转贷款项目的转贷协议》《质押协议》，7 月提款报账 21 亿元人民币。农发行总、省、市、县四级行联动，积极投入新开发银行资金转贷工作，按照政府主管部门和新开发银行要求，发挥自身在乡村振兴和稳产保供领域的资源优势，认真筛选受疫情冲击严重、对经济恢复起关键性作用、社会效益突出的项目，选取山东、广西、安徽 9 个涉农子项目，截至 2022 年 2 月底，累计投放转贷款资金 18.6 亿元，提供配套资金 41.8 亿元，配套资金杠杆率为 2.2，发挥主权外债的资金撬动作用，切实惠及涉农实体经济，助力农户增收。

3. 金融支持打造“远洋＋三产”助力居民增收

子项目实施地之一：山东省威海市人和镇沙窝岛

2020 年年初，新冠疫情突发，对该地海产品加工行业造成较大冲击，加工企业开工率及居民就业率下降明显，由于水产品加工的工人以当地妇女为主，因此对当地妇女就业影响尤甚。该项目的承贷主体之一为靖海集团有限公司（以下简称“靖海集团”）。截至 2022 年 2 月，靖海集团累计获得 1.3 亿元新开发银行资金、1.05 亿元农发行配套资金，有效缓解新冠疫情给水产行业资金链带来的压力，将应急资金更多用于支持威海地区海产品养殖、农业产业化等高度契合疫后经济恢复发展的领域。原材料供应企业涵盖烟威地区、青岛、山东省外等客户 50 余家，同时通过产品销售带动北京海底捞餐饮有限公司、武汉联农生鲜食品加工配送有限公司等 20 多家下游客户复工复产，带动上下游企业协同恢复发展。

▲ 鸟瞰沙窝岛码头

4. 金融支持“甜蜜事业”助力乡村振兴

子项目实施地之二：广西壮族自治区

新冠疫情蔓延对当地经济产生不利影响。一是砍收人力缺乏，甘蔗砍收有所延迟；二是外运受阻，蔗种、化肥等物资及砍收的甘蔗调运不畅；三是资金紧缺，受疫情影响企业机制糖销售受到严重影响，账期有所延长，资金回笼减少，蔗款兑付资金紧缺。

该项目承贷主体之一为广西农垦集团有限责任公司（以下简称“广西农垦集团”）。截至 2022 年 2 月，广西农垦集团累计获得 10 亿元新开发银行资金、29.8 亿元农发行配套资金，主要用于支持糖业板块收购甘蔗、购买原糖等的流动资金需求，在实际支付过程中 90% 以上贷款资金最终流向蔗农，有效提高蔗农的可支配收入，为保收购、促生产、稳物价、贫困人口脱贫致富打下坚实的基础。

成　效

1. 整体情况

2020 年 3 月至 2022 年 2 月，农发行采用“金融中介转贷款”模式支持的共 9 个涉农子项目，维持和新增就业岗位约 3.9 万个，带动产业供应链上下游销售金额 16.4 亿元，带动特殊群体增收 35.4 亿元，为疫后农业产业链、供应链恢复和居民减贫增收带来显著积极的成效。

2. 子项目之一

从减贫效果来看，靖海集团采取“远洋＋三产”模式，改变当地农民过去“传统粗放、靠天吃饭”的独立养殖、捕捞等高风险运作模式，组织居民以海域流转、海域入股、租赁或购买经营场所的方式参与园区项目建设和生产经营，逐渐成为集团股东、交易市场的参与者，在获得固定股权收入的同时，还可以参加培训，进入工业化生产车间参观学习，有效拓宽农民的收入渠道。通过产业发展，远洋渔业基地在基层农村成功帮助贫困人群实现脱贫、减贫、增收，为居民就业提供保障，解决贫困人群因单纯依赖扶贫政策导致的返贫问题。

从长期来看，靖海集团凭借周边区域优越的渔业资源条件，以沙窝岛国家远洋渔业基地为依托，发展具有海域流转、养殖、水产品保护价收购、冷藏仓储、精深加工、冷链物流、农产品现货或网上交易、海产品研发等功能的现代化三次产业融合发展园区。预计到 2030 年，该基地年可停靠国内外渔船 2000 余艘次，实现水产品交易量达到 200 万吨，综合收入为 200 亿元，具有较强的可持续性。

3. 子项目之二

从减贫效果来看，广西农垦集团为蔗农提供蔗种、化肥、农药、地膜、机耕扶持及蔗区基础设施建设维修，定期组织专家、农务技术员深入田间地头对广大蔗农进行技术培训，提高蔗农素质，增强蔗农脱贫致富的信心，实现蔗农增收、糖企增效、产业增值。甘蔗砍运种管除解决大量劳动力就业外，还带动运输、农机作业服务、机械维修、餐饮等行业发展。

从长远来看，该子项目支持广西糖业高质量发展，以自治区糖业“二次创业”为契机，综合运用现有信贷产品，推动糖业信贷业务从主要支持糖料蔗收购向支持糖业种植、储备、加工、贸易、销售、产业整合等全产业链延伸，助力糖业创新转型发展，同时积极支持糖料蔗“双高”基地建设，支持广西糖业转型升级。针对制糖行业资金需求量大、缺乏有效抵押资产等行业特点，农发行探索“供应链金融”模式，以广西农垦集团等区内外大型食糖贸易企业作为供应链核心企业，以贷款投放支持企业通过现货贸易、预购等多种方式向制糖行业提供“供应链金融”支持，助推农业特色产业兴旺和转型升级，保障国家重要农产品有效稳定供给。

▲ 农发行广西分行对广西农垦集团红河糖厂进行贷后检查

真实故事

荣成市靖海卫村渔民张磊对近年的生活、工作变化深有感触。他说："渔民是很辛苦的，艰辛与风险并担，现在当地年轻人很少做渔民了。"据他介绍，过去一般渔民家庭的基本配置是一艘木船，长 5 米、宽 2 米左右，载重 2.5 吨，配备 12 马力（1 马力=0.735 千瓦）柴油机，两个人同时出海，需要多年的出海经验才能应对意外情况。现在，加入靖海集团的船队后，生产条件改善了，所用船只是 200 ～ 1000 马力的钢壳船，船员要做的只是分拣鱼，大点的船上还有冷库，渔货销售也不用担心。船员的年收入已经达到 4 万多元，而且一年只工作半年。外地人都是全家来当地工作，男性出海，妇女在码头及附近加工厂做零工，家庭年收入 8 万多元，同时可以照顾孩子，生活条件较过去好很多。

▲ 广西农垦集团支持甘蔗幼苗种植

经验与启示

（1）多方优势形成合力，共同应对疫情影响。聚合国际组织、政府、金融机构、涉农产业等多方力量，聚焦受疫情冲击严重的涉农行业和关键领域，新开发银行作为国际金融组织提供长期优惠资金，中国政府快速行动利用主权信用成功借款，引导资金注入社会效益突出的项目，境内政策性银行农发行发挥在脱贫攻坚、乡村振兴领域的项目资源优势，并提供配套资金和高效的金融服务，发挥特长，相互协作，具有较强的创新性。

（2）项目选取突出社会效益，“精准滴灌”助力减贫增收。该项目在设计初期，就将支持范围聚焦于带动成效强、经济效益和社会效益“双突出”的项目。农发行多次赴企业实地宣讲转贷政策，鼓励企业在自身经营发展的同时承担更多社会责任，监管信贷资金支付，将主权外债优惠资金用在刀刃上，精准滴灌高度契合疫后经济恢复发展目标和减贫增收成效强的项目。

（3）乡村振兴关键在产业，在于找到市场化条件下的可持续生存发展之路。减贫作为一项长期工作，应立足长远，案例中的靖海集团、广西农垦集团及其他 7 个子项目均坚持遵循市场化、商业化的运行机制，与当地产业实际相结合的原则，用活金融资源，吸纳产业工人，扶智与扶技相结合，为贫困人口彻底脱贫提供可持续的解决方案。

（4）以转贷项目合作为起点，开启国际金融组织与国内政策性银行更深入的合作。2021 年 9 月 14 日，农发行与新开发银行在北京签署《合作谅解备忘录》，财政部国际财金合作司相关负责人到场见证。农发行和新开发银行通过转贷款、联合融资、知识分享、能力建设和联合研究等方式，围绕支持农业农村可持续发展和城乡一体化进程中的农业基础设施、水资源管理和净化、清洁能源、交通基础设施、信息和通信技术、医疗卫生和教育、环境保护和污染控制等重点领域开展合作。

可持续发展

亚洲开发银行支持的孟加拉国参与式小规模水资源领域项目

案例类型：生态扶贫

关键词：小规模水资源管理系统，性别平等

提交机构：亚洲开发银行

摘　要

孟加拉人民共和国（以下简称“孟加拉国”）参与式小规模水资源领域项目获得批准，用于支持该国《前进：国家加速减贫战略Ⅱ》。该项目通过在孟加拉国 61 个县建立一个可持续的由利益相关方驱动的小规模水资源管理系统来改善农村生计，还通过可持续的水资源管理基础设施、受益人运营和维护制度，以及加强负责可持续水资源管理的政府机构，让贫困人口获得特别关注。该项目中的 412 个子项目是开发基础设施，覆盖面积达 22 万公顷。为了实现基础设施的可持续运行和维护，该项目建立 265 个新的水资源管理合作协会，其中 37.1% 的协会成员、33% 的协会管理委员会成员及 33% 的运行维护委员会成员是女性。该项目对 3378 名水资源管理合作协会成员开展 105 批次促进生计发展的创收活动培训，其中包括 3326 名（占比 98%）女性。总体而言，在参加 5544 次培训的 284 302 人中，有 109 649 人是女性（参与率为 36.4%）。该项目在所有阶段都实现性别主流化，从一些水资源管理合作协会

中挖掘有潜力的女性领导者，并为她们提供领导和管理培训。女性最终获得信心，这源于女性提高自尊，并因获得经济权利而感到满足，这些因素所发挥的作用超过额外创收活动给女性带来的更多工作量。该项目为项目区的社会经济发展做出巨大贡献。2018 年，项目区的总体作物净收入比 2009 年增加了 17 亿孟加拉国塔卡，惠及约 28 万户家庭 170 万人，平均每户每年收入增加 6075 孟加拉国塔卡。

背　景

孟加拉国面积 147 570 平方千米，人口超过 1.65 亿，人口密度为每平方千米 1118 人，是世界上人口最稠密的国家之一。在 2009 年的项目评估中，孟加拉国约有 80% 的人口居住在农村，主要从事农业和相关的非农业活动。虽然农业在孟加拉国国内生产总值中所占比重只有 20% 左右，而且在不断下降，但仍然是孟加拉国农村的主要产业，提供 63% 的就业岗位。超过 2/3 的农村人口没有土地，人均土地面积不足 0.2 公顷。2009 年，孟加拉国的农村贫困率高达 53%[1]。

孟加拉国政府在 2008 年制定扶贫经济增长战略——《前进：国家加速减贫战略 II》[2]。该战略承认全球气候变化对孟加拉国的潜在影响，并将水资源开发和农业发展管理确定为扶贫政策的关键领域，目标是实现经济增长和粮食安全。因此，2009 年 9 月 4 日，亚洲开发银行批准 1.073 亿美元的参与式小规模水资源领域项目，用于支持《前进：国家加速减贫战略 II》。该项目通过在 61 个县建立一个发展可持续的、由利益相

---

❶ 2008 年，食品价格飙升（主要是大米），严重削弱生活在贫困线以下人们的购买力。从 2007 年 1 月到 2008 年 3 月，生活在贫困线以下人们的收入减少了 36.7%。

❷ 详见 2008 年孟加拉国规划委员会的《前进：国家加速减贫战略 II》（2009—2011 财年）。

关方驱动的小规模水资源管理系统，以改善农村生计，并通过可持续的水资源管理基础设施、受益人运营和维护制度、加强负责可持续水资源管理的政府机构，让贫困人口获得特别关注。2010 年 4 月，国际农业发展基金批准追加融资 1000 万美元，使该项目[1]的费用增加到 1.198 亿美元。该项目旨在覆盖 22.5 万公顷的可耕地，通过集约化种植和发展养殖渔业提高作物和鱼类产量，使 35 万户家庭（约 180 万人）直接受益。地方政府工程部是该项目的执行机构。该项目的预期影响是提高农业生产力和可持续性，预期成果是可持续的小规模（不到 1000 公顷）水资源管理系统。该项目主要实现加强体制建设、参与式子项目开发、小规模水资源基础设施等目标。

项目实施

作为体制建设的一部分，该项目提升了地方政府工程部、合作部和农业推广部的能力，通过设立 20 个预算职位，将监测、评估和运行维护支柱工作下放到 10 个地方政府工程部的县办事处。2013 年，合作部在总部成立水务小组。水务小组根据管理水资源的总体能力，编制一份现有水资源管理合作协会的分级清单，其更多的是监测、监督和支持这些协会，最终有助于通过改善水资源管理减少农村社区的贫困。合作部的指定检查员接受强化培训，培训内容包括水资源管理合作协会的审计、检查、基本合作管理和情况介绍。该项目还采取措施，在水资源综合管理单位和农业推广部之间制订一项联合计划，为项目下的 412 个水资源管理合作协会的农业发展提供支持。在农业推广部的帮助下，该项目制订一项促进农业发展的 5 年联合计划。农业推广部总部与水资源综合管理单位协调，通过

[1] 该项目由亚洲开发银行、国际农业发展基金、孟加拉国政府共同出资。

县办事处实施这一联合计划。

该项目支持参与式子项目开发进程，具体做法是在子项目设计和建设期间，让 530 名当地人（其中 265 人是女性）担任社区助理，对社区进行社会动员；让 61 名专业协调员和 1 名组长兼协调员负责农业、渔业和运行维护方面的技术培训。农业推广部官员与子项目的农民密切合作，制订计划应对以下情况：子项目实施后农业水利系统的预期变化、农民对新水利系统影响作物类型和时间的反映、所需的服务和其他投入、农业投入的采购及营销策略。农业推广部提供 1145 个培训课程，培训天数为 103 235 天，有 30 956 名参与者受益（其中 40% 是女性）。该项目在县一级与渔业部合作，向水资源管理合作协会提供鱼苗，并进行水产养殖培训。渔业部在县一级为 14 691 名参与者（28% 为女性）组织 478 次培训课程。该项目开展一个实用的、基于现场的运行维护培训计划，有 9694 名水资源管理合作协会的成员参加。所有 412 个水资源管理合作协会都制订了详细的运行维护计划（包括年度预算），其中包括根据全年种植日历制订的灌溉计划，同时考虑水的可用性和用水需求（包括其他用途）。

该项目率先在参与式子项目开发的所有阶段实现性别主流化。在 9 个县的 16 个子项目中，有 9 名女性主席和 7 名女性秘书。项目完成时，女性成员的总体平均比例达 37.1%。女性占小额信贷受益人总数的 40.4%，共有 105 726 名劳务承包协会[1]成员（其中 70 115 名男性、35 611 名女性）在开工前接受为期 1 天的土方工程方法培训。2385 名运行维护委员会的成员都接受了运行和维护方面的培训，其中有 795 名（占比 33%）女性。该项目对 3378 名水资源管理合作协会的成员开展 105 批次促进生计发展的创收活动培训，其中包括 3326 名女

[1] 建立劳务承包协会的目的是开展土方工程、创造就业机会，并为减贫做出贡献。

性（占比 98%）。总体而言，在参加 5544 次培训的 284 302 人中，109 649 人是女性（参与率为 36.4%）。从一些水资源管理合作协会中挖掘潜在的女性领导者，并为她们提供领导职位和管理培训。在水资源管理合作协会内部，成立维护女性利益的小组委员会。

作为基础设施发展的一部分，该项目设立 265 个新的子项目和 147 个现有的改进子项目，覆盖 22 万公顷土地。在 265 个新的子项目中，建造 268 个水力结构，如调节器、蓄水结构、水闸、橡胶坝、集水箱、桥梁、涵洞、虹吸管、渡槽，铺设 19 千米的地下管道、49 千米的灌溉渠，实施 258 个其他辅助项目，并建立 246 个水资源管理合作协会办事处。在 242 个新的子项目和 79 个改进子项目中，劳务承包协会实施土方工程。在 147 个改进子项目中，有 91 个子项目修建水力结构，建造 4 个调节器、4 个蓄水结构、5 个水闸、2 个集水箱、19.6 千米的地下管道、9 个涵洞、24.1 千米的灌溉渠、3.9 千米的沥青路、14.4 千米的人字砌合路、1.95 千米的保护工程，建立 31 个水资源管理合作协会办事处，并安装 13 台柴油泵或电动泵。

成 效

该项目为项目区的社会经济发展做出重大贡献。2009—2017 年，农业生产效益明显，谷物年产量增加 504 618 吨，非谷物年产量增加 231 221 吨。农作物年收入增加了 113%，从每户 48 025 孟加拉国塔卡增加到每户 102 311 孟加拉国塔卡。

2018 年，项目区的总体作物净收入比 2009 年增加了 17 亿孟加拉国塔卡，惠及约 28 万户家庭 170 万人，平均每户每年收入增加了6075孟加拉国塔卡。除了创造就业机会外，该项目促进了其他创收活动，如开展小额信贷计划、通过水资源管理合作协会提高技能等。收入的提高使人们从单个管井取水的机会增加（项目区从61%增加到72%，非项目区从60%增加到68%）。此外，项目区使用卫生厕所和砖墙的比例（14.8%）高于非项目区比例（10.1%）。

性别平等方面的其他具体成果，包括提高创收活动技能、增加女性收入。在接受这些创收活动培训的3408名女性中，有60%～70%女性的收入有所增加。劳务承包协会的35 611名女性成员通过参与运河堤坝建设和部分传统上由男性完成的结构性工作获得了丰厚的收入。增加妇女的流动性和获得基本服务的机会。建造堤坝有助于提高妇女的流动性，增加她们进入市场、保健中心、技能培训机构和接受社会保护方案的机会。增强领导和决策中的性别平等。由于女性提高了认识、参加培训和项目创收活动、增加收入，并且在决策机构中获得代表权，所以一些女性建立自信，开始有能力自己做决定，并参与传统上由男性负责的决策。有6740名女性接受培训，了解女性在水资源管理合作协会的决策过程中所发挥的作用。其中，约650名女性在不同的小组委员会中担任领导职务，并有65名水资源管理合作协会成员当选为联合村议政会成员。

真实故事

故事1

迪尔鲁巴·哈农是一位32岁的典型家庭主妇，有3个孩子，过去一年到头都要做家务。她经营了一个约有40只鸡的家禽农场，只能勉强维持生活。后来，她接受家禽饲养培训，并与丈夫一起从索纳伊查里的水资源管理合作协会贷款1万孟加拉国塔卡，开办一家饲养1000只鸡的家禽企业。她在偿还贷款并扣除必要开支后，获利4.5万孟加拉国塔卡。之后，她借了15万孟加拉国塔卡，接着又借了20万孟加拉国塔卡和30万孟加拉国塔卡，并如期偿还。随后，她购买一块价值约11万孟加拉国塔卡的土地，在那里扩大家禽养殖场，饲养4000只小鸡，包括肉鸡和蛋鸡，平均每天售出价值2万孟加拉国塔卡的鸡蛋和1.5万孟加拉国塔卡的肉鸡。通过这种方式积累财富，她帮一个女儿办了婚礼，同时供另一个女儿和一个儿子上学。她还有一个梦想：如果能获得财政援助，将继续扩大家禽养殖场，进行大规模养殖。

故事2

30岁的查诺瓦拉是一位生活极度贫困的女性，她的生活代表了一个女人面对贫困压力时的生存状态。她的家庭由她和丈夫波本·钱德拉·巴曼——一个没有固定收入的临时工及他们5岁的女儿组成。这个贫穷的家庭除了一块55平方米的宅基地外，没有任何土地。在该项目中，她接受培训，成为劳务承包协会的一名劳工，在卡奥重新挖掘的子项目中工作，从所做的土方工程中赚到一些钱。她也是水资源管理合作协会的成员。考虑到她的贫困，水资源管理合作协会向她提供了一笔5000孟加拉国塔卡的贷款，并帮助她的丈夫在当地的大米加工厂找到一份工作。她用贷款买了一头奶牛，在饲养4个月后以2万孟加拉国塔卡的价格卖掉这头奶牛。偿还这笔贷款后，她又借了1万孟加拉国塔卡，买了两头奶牛。由于她的丈夫在大米加工厂工作，所以她可以用易于处理的米糠和稻壳免费饲养奶牛，这非常方便。

她继续向水资源管理合作协会借款，并按时偿还，从中获得了丰厚的利润。她租了330平方米农田，租期为一年，在这块土地上种植马铃薯和稻米。她在银行存了3万孟加拉国塔卡，以她女儿的名义开始存款养老金计划。她现在有能力送女儿上小学了，也可以憧憬未来的富足生活。

故事3

35岁的奥朱法·贝古姆是孟加拉国一个没有土地的赤贫妇女。由于她的丈夫没有任何固定收入来养家，所以她不得不从早到晚辛苦劳作。一个五口之家过着非常艰苦的生活。后来，她参加了水资源管理合作协会的小组会议，并定期存钱，同时第一次向该协会借了2万孟加拉国塔卡，从事奶牛饲养。从此，她就一往无前地发展自己的事业。她已经连续4年定期从水资源管理合作协会获得贷款用来饲养奶牛，并在市场上出售，从而赚取了可观的利润。水资源管理合作协会提供的小额信贷支持在很大程度上改善了她的生活，也成功地帮她找到更多出路。现在，她已将业务多元化，并规划了另一条发展路线。她租了330平方米土地，在那里种了庄稼。她还把自己的一居室房子扩建成两居室的铁皮棚房子。她设法帮大女儿举办婚礼，并让其他两个孩子都能上学。她破旧的小屋现在通电了，不仅买了风扇、冰箱和自行车，还给家人买了生活用品。

故事4

32岁的塔里克·伊斯兰的家有3口人，女儿读四年级。他是一个农民，拥有1300平方米的可耕地，但由于灌溉用水短缺、排水系统堵塞和山洪暴发，他一年到头都无法生产足够的作物。这是他所在村的农民面临的共同问题。在该项目重新建造一个调节器后，山洪问题得到有效的解决，排水堵塞消除了，水得以保存用于灌溉。在接受各种类型的农业活动培训后，塔里克开始在租赁的300平方米土地上种植蔬菜。现在，他种植各种时令蔬菜，年净收入达到15万孟加拉国塔卡。他作为率先种植蔬菜的人，现在成为该地区所有农民的代表。他们现在一年到头都在耕种自己的土地，赚到更多的钱，并维持家庭的正常生活。

经验与启示

该项目采用一些创新措施，如以租赁协议取代土地征用、为水资源管理合作协会提供小额信贷，以及由受益人对施工质量进行监督。所有这些使得该项目最终建成了高质量的基础设施，并通过受益人的所有权发展实现可持续性。通过在国家机构和地方机构之间建立运作良好的协调机制来执行子项目，让该项目交付得到了加强，从而提高了作物产量，对项目区的减贫产生积极影响。使贫困人口和无地者受益的有效措施可以在今后的参与式小规模水资源项目中进行推广，如在水资源管理合作协会和政府组织或非政府组织之间建立有效的联系；通过水资源管理合作协会促进创收活动、提供小额信贷和提高技能；为劳务承包协会成员提供临时就业岗位；增加农业和渔业生产，为农业劳动力提供额外的就业机会；通过运行维护、植树和其他子项目活动提供额外的就业机会；让女性参与子项目开发过程的每一步。

此外，还需要大力宣传小规模水资源项目和地方政府机构的作用，以促进利益相关方的进一步参与。同时，需要对联合村议政会成员进行更多关于水资源、机构发展和管理及运行维护的培训，鼓励他们促进和支持水资源管理合作协会工作。在项目中纳入市场开发部分，如建设农村市场和通路可以建立有助于减贫的供应链联系，使项目对农民更有利。

探索基于基本卫生保健的健康扶贫模式

——中国—盖茨基金会农村基本卫生保健项目四川凉山子项目

案例类型：健康扶贫

关键词：基本医疗，基本卫生保健服务，家庭医生

提交机构：国家卫生健康委员会项目资金监管服务中心

摘　要

从 2017 年起，中国—盖茨基金会农村基本卫生保健项目四川凉山子项目以基本卫生保健为主题，通过推动基层的基本医疗和基本公共卫生服务优质持续地提供，以满足居民的基本卫生保健服务需求，从而实现防贫目标。该项目以家庭医生签约服务为抓手，从合理制定服务内容、科学配置服务人力、严谨规范服务路径、积极开发服务工具、建立健全管理机制、全面高效提升能力等 6 个方面，探索出一套可持续的基本卫生保健服务提供模式，推进全民健康覆盖理念落地，也促进贫困地区农村居民健康公平的改善。

背　景

四川省凉山彝族自治州（以下简称“凉山州”）曾经是全国典型的深度贫困地区。2017 年年底，中国—盖茨基金会农

村基本卫生保健项目四川凉山子项目启动之初，凉山地区人民疾病负担沉重，部分地区属于艾滋病、结核病等重大疾病的高发县，当地百姓深受疾病困扰，因病致贫、因病返贫问题突出，防艾滋病、健康扶贫任务的压力和难度非常大。与此同时，基层医疗机构由于人力资源匮乏等原因，能够提供的基本医疗和预防服务严重不足。

项目实施

1. 项目设计理念

实践证明，加强基本卫生保健体系建设，始终坚持预防为主的方针，将防病的关口前移，是解决农村基本卫生健康问题最有效、最经济的手段之一。

2. 项目管理机制

（1）项目组织构架。四川凉山基本卫生保健项目的具体实施涉及中央级、省级、州级、县级 4 个纵向层级。

（2）项目支持方向。该项目支持的具体领域包括各类政策、措施、教材、方法等的研究开发所需的技术咨询服务；家庭签约医生团队提供针对重点特殊人群的个性化服务的成本和绩效；信息化相关工具的开发和必要的配套诊疗设备的购置；各级各类人员的能力建设活动（包括对口帮扶）；相关的督导、考核等活动。

（3）项目设计过程。首先，深入基层调研和座谈，全面分析该项目地区的基层现状、卫生需求和存在的问题，为制订项目方案提供基本依据；其次，反复研讨论证，制订项目方案；最后，项目中期进行阶段性总结和回顾，有针对性地调整完善不合理的设计内容。

3. 项目的实施路径及产出

（1）合理制定服务任务。一是明确基层医疗机构的功能定位。支持凉山州卫生行政部门开展政策研究，深入基层调研和座谈，认真倾听基层群众的声音，充分收集一手素材。二是制定以人为中心的签约服务包。基于乡、村两级的功能定位，整合现有基础的基本医疗和基本公共卫生的服务内容。

（2）科学配置服务人力。一是助力夯实乡、村两级卫生专业人才队伍。督促项目乡镇卫生院实现满编运行，确保每个乡镇至少有 1 名全科医生；推动村卫生室配备有医学背景的村医，85 个项目村共配备到位 98 名合格村医，确保每村至少 1 名合格村医。二是组建 62 支家庭医生签约服务团队。基于服务任务，合理配置团队结构，乡、村两级联合组队，临床、公共卫生、艾滋病防治等跨专业合作，确保了服务的可及性。三是探索稳定基层村医团队的工作模式。为解决人事不匹配、待遇差等导致村医流失的问题，部分项目县实行“三合一”或“二合一”的兼职兼薪模式（村医兼职村卫生员、村艾防员），同时州级出台政策保障村医的基本收入，确保村医平均待遇从原来 800 元 / 月提高至 2000 ～ 3000 元 / 月，县政府财政根据服务内容、数量、质量结合绩效考核结果发放村医补助。

（3）严谨规范服务路径。一是制定签约服务的工作路径和服务规范。项目制定“一会、二查、三对、四服务、五记录、六清楚”的家庭医生签约服务履约路径及规范要求，形成工作手册并培训到人。二是编制简明易懂的技术指南和教学视频。组织编制开展家庭医生工作所需技能的一系列技术指南，并制作配套的教学培训视频，着力提升家庭医生团队成员必备的技术水平。

（4）积极开发服务工具。一是搭建高效便捷的签约服务信息平台。构建一套“凉山州家庭医生服务信息系统＋乡镇卫生院家庭医生工作站＋家庭医生签约服务工具箱”的签约服务信息平台。二是开发一系列便捷高效的签约服务提供工具或方法，如针对少数民族文化特点，将健康教育素材本土化，制作彝语音频和视频，并采用二维码“扫码听音”等方式有效递送。

（5）建立健全管理机制。一是建立正向引导的考核评估机制。探索制订适宜凉山地区的家庭医生团队考核方案，逐级落实主体责任，将考核分配权下放到乡镇卫生院，通过定期开展线上数据统计与线下抽查复核相结合的方式考核工作。二是完善向一线员工倾斜的激励机制。项目支持的服务经费，扣除成本以后的结余部分，按照 2∶8 比例分配，其中结余部分的 20% 用于乡镇卫生院统筹使用，80% 用于激励家庭医生团队成员。

（6）全面高效提升能力。一是开展内容丰富、形式多样的培训活动。管理类培训主要由国家、省、州三级项目管理机构提供，内容涉及机构运行、团队管理、机制建设等；技术类培训则以医疗服务、公共卫生等技术技能为主，强调项目地区覆盖。培训活动有理论培训、技能比武、现场交流、实践学习等多种形式。二是实施“基层帮基层”的对口帮扶。探索“一托一”（一名帮扶队员依托一个帮扶机构）打捆帮扶的工作模式。

成　效

1. 通过政策影响和示范引领促进贫困地区农村基层卫生保健服务体系的完善

该项目以家庭医生签约服务为抓手，促使基层医疗机构的工作重心由关注疾病逐步向关注健康转变，及早发现疑似患者、及时确诊患者和实施健康管理，实现疾病防治的关口前移；工作方式从被动等待开始向主动服务转变，有效促进基本卫生服务工作的下沉；工作内容从单一治疗向综合服务转变，家庭医生团队覆盖临床、公共卫生、艾滋病防治、母婴等多个领域。

2. 通过扎实有效的基本卫生服务提供助力贫困地区健康公平的改善

（1）服务数量增加。家庭医生服务实现对85个村的全面覆盖，贫困人群覆盖率达到100%，重点人群覆盖率基本超过65%。该项目大力推动家庭医生签约工作，在提升基层医疗机构的服务意识和服务能力同时，带动项目地区基本医疗和基本公共卫生服务的提供。

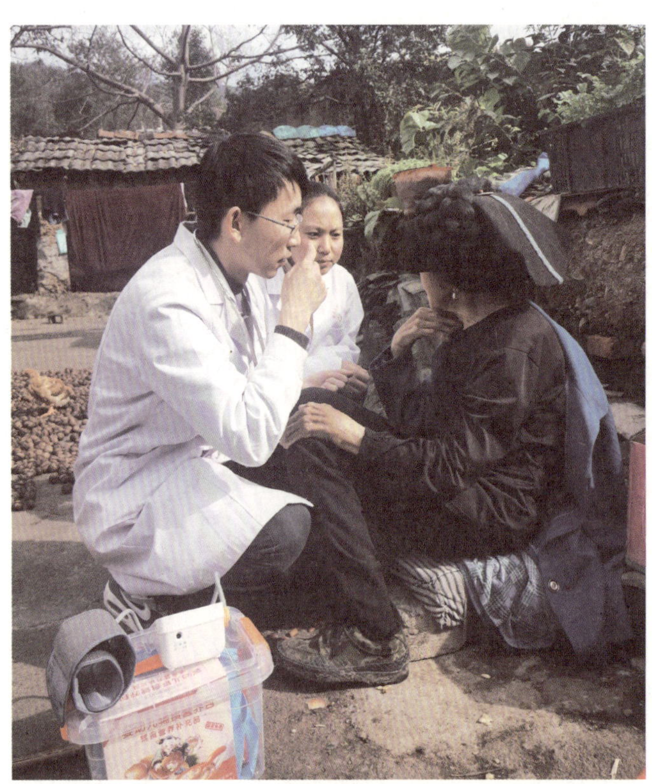

▲ 越西县家庭医生团队的帮扶医生提供上门随访服务

（2）服务质量提升。以慢性病患者管理为例，高血压、糖尿病患者的规范管理率分别达到 86.44% 和 85.24%。项目地区艾滋病感染者的随访管理率、抗病毒治疗覆盖率和治疗有效率均达到 98% 左右。

（3）群众满意度提高。该项目第三方评估结果显示，村民对家庭医生签约服务团队的满意度高达 99.2%，就诊时优先选择乡村级医疗机构的村民人数也从项目之前的 39.5% 提高到 66.4%，县域内就诊率提高到 90% 左右。

▲ 昭觉县家庭医生团队的帮扶医生提供上门随访服务

3. 通过探索适宜本土的创新模式和方法促进基本卫生保健服务的可持续发展

一是卫生服务模式具有可持续性。该模式具有可操作性，可移植、可复制，适宜凉山地区现阶段的卫生工作发展需求。

二是卫生服务提供具有可持续性。该项目采取的各种措施及带动各界各方面的投入，有效提升乡镇卫生院的整体水平，增强基层医疗机构和人员的卫生服务意识与能力，为其创造可持续发展的基础和空间。三是卫生人力发展的可持续性。以该项目地区试点为起点，凉山州基层卫生人力的网底得以夯实，开始逐步发挥作用，为构建“以人为中心”的基本卫生保健体系奠定坚实的基础。

真实故事

地莫乡是一个位于凉山州昭觉县西南部的偏远小镇。阿五么里各是地莫乡瓦古村拖都社的一位65岁老人，育有两子两女，是村里的贫困户，头晕、头痛10余年，长期备受煎熬，他的日常生活受到严重影响。因为年纪大，健康意识淡薄，加上距离乡卫生院路途较远，他一直没有去那里看过病。地莫乡中心卫生院的家庭医生团队工作启动后，陈史古院长带领家庭医生签约服务团队驱车、步行5000多米来到老人家中，为她提供高血压和糖尿病筛查、老年人体检等服务，经检查后发现她的血压特别高，多次复检她被确诊为高血压。家庭医生团队立即与她签订家庭医生电子签约服务协议，将她纳入家庭医生健康管理范围，定期送药、随访和健康教育。现在，老人头晕、头痛的症状逐渐消失，身体也越来越好，生活逐步恢复正常。

经验与启示

（1）加强基本卫生保健体系是实现长效防贫的基础。通过提供基于基本卫生保健的健康管理服务，提高服务的可得性、可及性和可负担性，减少居民的患病风险，或者避免小病和慢病转化为大病和重病。

（2）技术实施与制度建设有机结合且应因地制宜。对于社会发展类项目的开展，需要有充分的调研与沟通，找准定位，不仅了解关键问题和实际需求，而且需要了解地方基础和现实情况。

（3）授人以渔和启迪思想方可实现长效发展。对关键人员和管理人员的培养，更重要的是使其潜移默化地发生从“要我发展”到“我要发展”的思想转变。该项目“一托一”帮扶工作强调以解决问题为导向，既满足对帮扶队员现场带教的需求，又确保能够更好地引入帮扶机构的力量，对被帮扶机构存在的问题进行深入研判和有针对性地解决，成效显著。

点亮希望之光

——国家电网抗疫助学巴西减贫案例

案例类型：健康扶贫，教育扶贫

关键词：企业社会责任，防疫物资捐赠，校舍改造

提交机构：国家电网巴西控股公司

摘　要

近年来，国家电网巴西控股公司（以下简称“国网巴控公司”）深入践行“共商共建共享”理念，贯彻落实国家电网有限公司（以下简称“国家电网”）“一体四翼”发展布局和“五突出、一标杆”国际化战略发展思路，不断提升企业环境、社会和公司治理，积极履行企业社会责任。

2020年巴西联邦共和国（以下简称“巴西”）的新冠疫情暴发后，国网巴控公司在稳健运营资产、确保电力可靠供应的同时，学习借鉴中国抗疫、扶贫的成功实践和典型经验，深入其资产邻近区域的贫困地区，通过捐赠医疗设备、防疫及疫苗接种配套物资、“食品篮”，新建改建校舍等一系列措施，积极开展抗疫助学工作，为维护保障10多个地区、300余万居民的生命安全和身体健康，5000名贫困儿童的安全健康与成长成才贡献重要力量。

背　景

国网巴控公司以在巴西投资、建设和运营输电资产为核心业务，资产区域覆盖里约热内卢等14个州。由于新冠疫情在巴西快速扩散，里约热内卢州、里贝朗齐纽、帕拉堪比、南马托格罗索州的隆多诺波利斯、圣保罗州的里贝朗普雷图等许多地区在不同阶段出现医疗资源不足的情况，公立医院更是长期床位紧缺，当地贫困群众被迫滞留在家隔离，病情严重者失去生命。安纳普、帕卡雅位于巴西北部的帕拉州，紧邻国网巴控公司美丽山二期特高压直流输电项目送端换流站欣古站。由于当地经济落后，教育基础设施投资不足，安纳普、帕卡雅6～14岁人口的受教育率在巴西均排在后面，两个地区18岁以上人口的文盲率分别达到21%、24%，进一步制约当地的社会和经济发展。

项目实施

1. 真情援助，鼎力支援里约热内卢州抗疫

巴西新冠疫情发生不久，里约热内卢州很快成为疫情重灾区。作为国网巴控公司总部驻地、美丽山二期项目受端站等重要资产所在地，里约热内卢州的疫情是最牵动国家电网和国网巴控公司干部、职工的心。2020年3月，里约热内卢州政府决定在里约市部署搭建8家方舱医院，用于接收新冠感染患者，减轻里约热内卢州的医疗压力。4月2日，里约热内卢州政府发来求助信函，希望国网巴控公司能够支援抗疫工作，捐赠一批医疗防疫物资。国网巴控公司当即向北京总部进行汇报，得到总部大力支持。从北京到里约，一条紧急救援通道就此搭建。

为加快推进 100 张医用电动病床和 164 张普通电动病床的捐赠工作，国网巴控公司积极寻找当地供应商，推动本地化采购。4 月 18 日，国网巴控公司捐赠的 264 张病床完成安装。巴西当地人没有储蓄的习惯，突如其来的新冠疫情让巴西民众不知所措。当地政府宣布居家隔离措施后，许多小商贩因为新冠疫情无法出摊，失去经济来源。这意味着他们很快就要面临无米下炊的局面。了解到这一情况后，国网巴控公司决定向当地贫困社区捐赠 1.1 万个“菜篮子”，每个篮子里有肉类、牛奶、面包等多种食品，可以帮助这些家庭一解燃眉之急。国网巴控公司还向美丽山二期项目里约换流站所在地的帕拉堪比市医院捐赠 12 套重症监护室相关医疗设备，包含监护仪、病床、试剂盒、心脏除颤仪等。此外，国网巴控公司还向里约热内卢州政府捐赠 10 万只医用口罩。这批口罩惠及里约热内卢州的居民和医护人员。

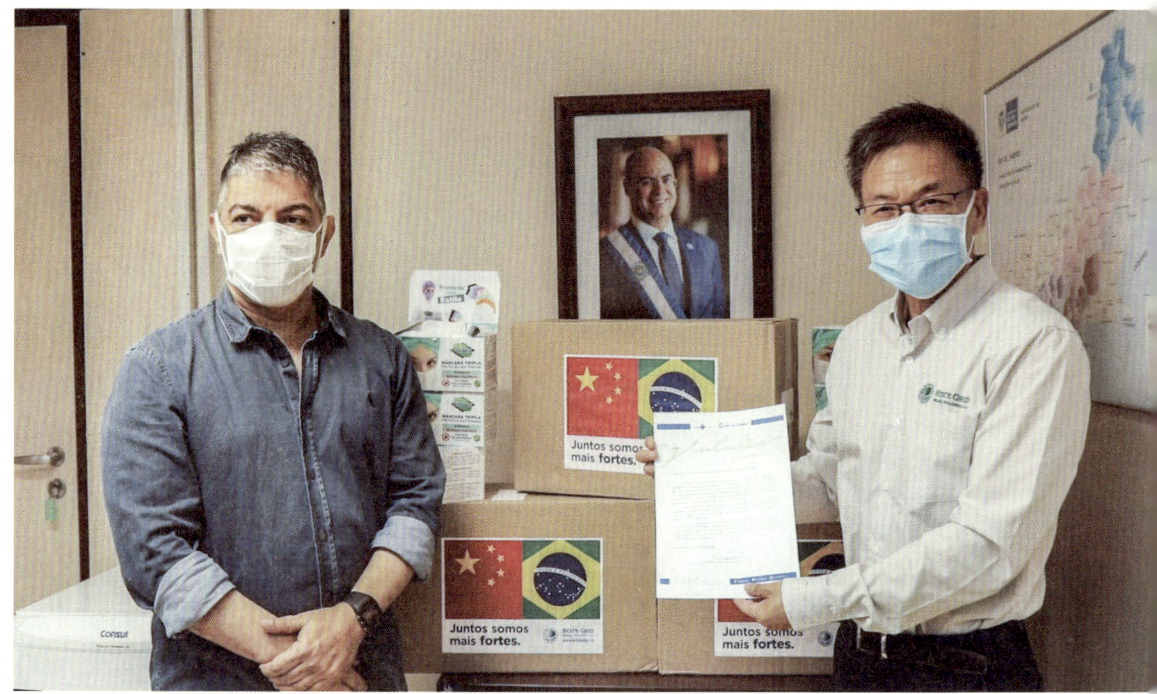

▲ 里约热内卢州卫生部向国网巴控公司送交感谢信

2. 积极行动，及时援助重点区域抗疫

2021 年以来，马托格罗索州里贝朗齐纽地区的疫情急剧恶化。由于医疗基础设施薄弱、防护物资匮乏且无重症监护室，所以当地新冠感染重症患者须被运至 700 千米之外的首府城市库亚巴进行治疗。严峻的疫情使当地群众的生命安全受到严重威胁。补充医疗防护物资、搭建转运通道迫在眉睫。

国网巴控公司决定将抗疫作为优先的社会责任项目实施。由于里贝朗齐纽远离生产和供应市场，加上市场紧缺，所以给救护车辆的采购工作带来挑战。国网巴控公司通过广泛的市场调研和加大寻源，并发挥里贝朗齐纽变电站运维人员的属地作用，及时完成了原装厢式车辆的购置、改装为救护车辆等工作，在向距离该地 120 千米的另一个较大城镇和首府城市库亚巴的车管所报备、确保车辆具备使用条件后，于 2021 年 10 月成功完成救护车辆和口罩、防护服等防护物资的捐赠。

3. 汇聚群力，着力扩大帮扶范围

国网巴控公司深知，团结合作是战胜疫情的最有力武器。为此，经过深入调研，国网巴控公司加入巴西“拯救生命”计划、“疫苗接种”行动，汇聚巴西国家经济和社会发展银行政策性银行、医院和慈善实体联合会、采购和交付平台及巴西主要企业等巴西各方合力。通过“拯救生命”计划，国网巴控公司完成向圣保罗州的里贝朗普雷图、米纳斯州的皮拉波拉等 5 个疫情严重地区 5 所医院医疗物资的捐赠，受益人数约 200 万人。通过“疫苗接种”行动，国网巴控公司向里约热内卢州的帕拉卡比完成注射器等疫苗接种配套物资的捐赠，助力该地实现疫苗接种目标。

4. 合作抗疫，构建人类命运共同体

2020 年，在驻巴西大使馆、驻里约热内卢总领馆的领导下，国网巴控公司联合中巴多家政府和民间机构共同举办国际抗疫合作系列研讨会。自 6 月 16 日起，国网巴控公司每周二邀请中巴双方不同领域嘉宾通过网络会议方式探讨促进国际抗疫合作、交流一线救治经验，并寻求加强在抗击疫情相关领域的合作，助力巴西早日控制疫情。每场活动都会通过国网巴控公司的油管、快手官方账号向海内外观众同步直播。此后，国际抗疫合作系列研讨会邀请中巴两国一线医护人员、医药公司代表、重点企业代表，他们分别就一线救治经验、传统中医药抗疫、经贸、科技、金融、文化合作抗疫等议题展开深入讨论，促进两国共同抗击疫情。截至 8 月 25 日，该系列研讨会闭幕，共举办 11 场专题研讨会，平均每场在线观众人数超过 10 万人次。

5. 教育为本，阻断贫困代际传递

教育是脱贫致富的根本之策。国网巴控公司利用巴西国家开发银行贷款社会责任项目资金，联合当地市政府，在帕拉州的安纳普市、卡帕哈市和马亚迪尼亚社区附近的纳雄耐尔港市共选择 10 所学校进行更新改造，投入费用达 148 万巴西雷亚尔。国网巴控公司根据不同学校的需求进行有针对性的改造，如新建教室，旧教室地板的更新、电气设备的维修、空调和风扇的安装、卫生设施的装修和墙壁的重新粉刷等一系列基础设施升级。虽然 2020 年遭遇的新冠疫情给原材料的生产、运输和按时交付造成极大的困难，但是施工人员采取严格的防护措施，在保证安全的前提下于 2021 年 8 月保质保量地完成 10 所学校的改造工作。新学期开学时，迎接 5000 名学生的已是崭新的校园。

经验与启示

国网巴控公司长期坚持“市场化、长期化、本土化”经营，主动融入当地社区和民众，积极履行企业社会责任。在巴西全国抗击新冠肺炎大流行时，面对当地社会的迫切需要，国网巴控公司充分借鉴中国抗疫和减贫方案，坚持“人类命运共同体”发展理念，紧密结合自己的经营优势和资源能力，做好抗疫助学项目的统筹策划和实施，努力帮助更多巴西贫困民众渡过难关、重燃生活希望，全力帮助更多贫困地区儿童获得受教育机会、拥有美好未来，赢得巴西社会的高度评价和广泛赞誉。国网巴控公司用实际行动证明，中国人民致力于实现中华民族伟大复兴的中国梦，追求的不仅是中国人民的福祉，而且是世界各国人民共同的福祉。

引才聚智助力乡村振兴

——闽台乡建乡创合作项目

案例类型：乡村建设

关键词：闽台合作，乡建乡创，联合驻村，陪护式服务

提交机构：福建省住房和城乡建设厅

摘　要

福建省有 1.4 万多个村庄，乡村资源挖掘程度低、产业培育“造血”能力弱、历史文化保护开发难、乡村发展“千村一面”等问题是乡村振兴的主要瓶颈。台湾地区开展社区营造有近 30 年历史，具有丰富的经验。如何吸引台湾地区的优秀建筑师、文创团队助力福建省的乡村发展，为乡村振兴提供人才支撑和智力支持成为福建省政府的战略指向。基于此，福建省以两岸同根的乡村为载体，以乡建乡创为抓手，通过政策扶持、机制对接、联合互补、情感牵引等举措，吸引台湾地区的建筑师团队参与福建省乡村振兴，形成闽台乡建乡创合作交流模式，有效推动乡村发展。

背　景

2015 年 3 月 4 日，习近平总书记在看望参加全国政协十二届三次会议的民革、台盟、台联委员并参加联组会时指

出："我们愿意让台湾同胞分享大陆发展机遇，愿意为台湾青年提供施展才华、实现抱负的舞台，让两岸关系和平发展为他们的成长、成才、成功注入新动力、拓展新空间。"福建省要积极探索融合发展的新路，努力成为台湾地区企业的"第一家园"。

2018 年以来，福建省陆续出台吸引鼓励台湾地区团队乡建乡创的政策措施，提供同等待遇的一系列配套措施，对开展乡建乡创合作交流、进行驻村"陪护式"服务（服务期限 1 年以上且每月指导服务不少于 10 天或每年累计不少于 100 天）的台湾地区团队给予资金、居住、就业等方面的支持保障，推动其与村民一起用心、用情、用智服务乡村发展。

项目实施

1. 提供政策支持，构建合作平台

2018 年，福建省出台《关于鼓励台湾建筑师来闽参与乡村建设的若干意见》，在全国率先建立以乡建乡创为主题的两岸合作机制，成功搭建台湾青年参与闽台乡建乡创的合作平台；明确乡村可采取竞争性磋商方式，引进委托有经验的台湾地区团队驻村，开展规划设计咨询等"陪护式"服务。省级财政对被评审列为省级乡建乡创的项目，每个项目补助 50 万元，每年 10 个。2021 年 3 月，福建省发布《关于深化闽台乡建乡创融合发展若干措施》，强调加大扶持力度、拓展合作领域，省级财政每年安排 5000 万元，补助的闽台乡建乡创合作项目增至 100 个，合作范围从村庄规划设计、文创拓展到历史文化保护、农房建设、产业培育等多领域多方面。同时，紧扣台湾同胞、台湾企业的实际需求，出台台湾同胞购房、缴存住房公

积金，采认台湾建筑业企业和个人资质及探索两岸建设标准互通等一系列同等待遇配套政策。

2. 建立全过程服务机制，实现无缝对接

从2018年起，福建省住房和城乡建设厅每年采取购买服务方式委托福建省青年建筑师协会成立12人的工作班组，为台湾地区团队提供全过程辅导服务，构建服务台湾地区团队入闽“一站到底”的“绿色通道”。在福州市三坊七巷设立海峡建筑师家园，在厦门市、泉州市、平潭县、三明市、台北市的大稻埕等多地设立服务站点，为台湾地区团队提供便捷、有效的服务。同时，建立省、市、县住建系统三级服务网络，完善闽台乡建乡创项目库、专家库、企业库信息，并及时帮助协调解决项目实施中遇到的困难和问题，实现闽台乡建乡创合作“政策有辅导、项目有信息、合作有对接、落地有跟踪、问题有协调”的全过程闭合服务。新冠疫情防控期间，组织专班专人及时为台湾地区团队提供协调服务，并组织福建社会科学院专家开展课题调研，与县乡村干部、台湾地区团队座谈交流，研究对策措施，不断完善服务机制，推动台湾地区团队提高驻村“陪护式”服务实效。

3. 探索联合驻村模式，促进专业互鉴

台湾团队擅长总体创意、文创设计和社区营造，大陆团队在规范解读、施工图设计、大陆资源对接方面有较大优势。福建省住房和城乡建设厅支持福建省青年建筑师协会创新开展两岸建筑师联合驻村行动，动员大陆建筑师团队长期配合台湾团队开展乡建乡创陪护式服务，引导双方分工协作、经验共享、专业互鉴，提高项目实施效率，并共同梳理总结台湾社区营造经验，更新大陆建筑师乡建乡创的理念和做法，吸引促进

一大批高等院校、设计院下乡服务。两岸建筑师联合驻村行动荣获住房和城乡建设部“中国人居环境范例奖”。

▲ 台湾团队负责设计的福州市罗源县集镇环境整治后的街面

4. 强化交流推广机制，不断营造氛围

福建省常态化组织沙龙、论坛、设计竞赛、项目对接会、成果展等活动，邀请两岸行业专家、知名高校、规划设计单位和文化创意团队通过线上、线下方式宣传推介、交流互动。尤其是，2020 年年底以“青春筑梦 不负韶华——两岸青年建筑师携手乡建乡创，助推乡村振兴”为主题，召开两岸乡建乡创融合发展论坛，向海内外宣传推介闽台两地深化乡建乡创交流合作的经验做法，引起强烈反响，明显提升了闽台乡建乡创合作的影响力和社会各界的认可度。同时，台湾地区团队在投身乡建乡创中积极牵线搭桥，一方面“以台引台”，吸引更多台湾地区青年来闽参与服务乡村建设；另一方面邀请项目所在地的基层干部、群众到台湾地区的乡村学习交流，强化乡村建设

能力。例如，泰宁县依托闽台美丽乡村交流中心，成功举办两届“跨越海峡来乡建”活动；平潭县连续举办5届“海峡两岸村里长交流活动”；福建清梅城街区与台北市大稻埕特色街区结成“姊妹街区”，互相吸纳活化经验，提升特色产业。福建省电视台专门制作纪录片《回家的路》和多个短视频，记录台湾团队参与福建省乡村振兴的“初见—筑梦—融合—乡愁”心路历程，通过中央广播电视总台、福建省电视台、海博TV、今日头条号、抖音、快手号等进行宣传推广。

▲ 两岸团队、知名高校等分享交流、互学互鉴

成 效

截至2023年8月，入闽的台湾建筑师（含文创）团队120多支、台湾乡建乡创人才400多名，乡建乡创陪护式服务350多个村庄，覆盖福建省80%以上的县（市、区），共有344个项目获得省级财政补助17 200万元。

1. 助力乡村振兴初见成效

台湾建筑师和文创团队充分发挥特色优势和专业能力，系统性推进乡村环境整治、产业培育、品牌打造和村民培训，培育出一批可复制、可推广的乡村振兴样板。乡村发展取得积极成效，乡村产业出现新业态，村民收入实现新增长，乡风培育形成新风尚。

▲ 台湾团队在平潭县打造“石头会唱歌”文化品牌

2. 打造“第一家园”效果凸显

福建省构建服务台湾建筑师和文创团队的“一站到底”的“绿色通道”，超过 1000 名台湾同胞在闽置业安家，2000 多名台湾同胞缴存住房公积金，缴存余额 1 亿多元，88 名台湾同胞申请公积金贷款，贷款余额 6000 万元。在厦门市和平潭县备案的台湾建筑企业有 80 多家，台湾建筑专业人士有近 150 人，50 多家台资企业取得福建省建筑业企业资质。

3. 两岸“人的融合”闯出新路

闽台乡建乡创合作在促进两岸“人的融合”方面具有独特优势，台湾团队在村庄陪护式服务过程中了解人文历史、体味同文同种，与当地村民一起工作、生活，感受乡音乡情。“桃李不言、下自成蹊”，闽台乡建乡创合作促进心灵的相通和“人的融合”，正如台湾建筑师团队代表张欣颐在海峡论坛上所言，“我们是来自台湾的福建新村民”，为福建省乡村振兴引进大量的“乡土人才”。

真实故事

台湾团队驻点闽清梅城印记特色历史文化街区项目发挥人文特长，提供文化挖掘、业态策划招商、地景设计、品牌策划、文创设计等全流程陪伴式服务，原本破败的街区焕然一新。目前已入驻台湾特色餐饮、非物质文化遗产等16家，餐车24辆，常态化开展梅城印记周末集市活动。周末集市的摊位约200个，单月人流量已突破230万人次，营业额达到2100万元。在团队协助下，清梅城街区与台湾大稻埕特色街区结成“姊妹街区”，促进两岸青年交流，互相吸纳活化经验，提升乡村特色产业。

经验与启示

1. 整合多方资源，凝聚推动合力

鼓励支持台湾团队来闽开展乡建乡创的一系列政策措施是由福建省住房和城乡建设厅、福建省财政厅、福建省委台港澳工作办公室、福建省妇女联合会等多个部门联合制定或单独制定，涵盖资金、住房、资质、技术等多个方面，有效实现集中力量办好事、办实事。省直有关部门建立联席会议制度，市、县（区）也建立相应联席工作机制，形成左右联动、上下贯通“一张网”，不断织密织实服务网络。做到充分调动各方面的积极性，及时发现问题、解决问题、完善政策，推动闽台乡建乡创融合发展长期抓、持续抓、深入抓。

2. 坚持问题导向，提升服务质效

福建省作为在全国率先建立以乡建乡创为主题的两岸合作机制的省份，先行先试，创新探索，针对闽台两地体制机制、政策法规、技术规范的明显差异，台湾团队入闽初期“两眼一抹黑”、无从下手，找项目、办手续、沟通协调等各方面举步维艰，承接的项目小而零散，服务费用缺乏保障等问题，通过省级财政安排专项补助资金保障设计费用，消除台湾团队的顾虑，采取政府购买服务方式，委托福建省青年建筑师协会成立工作专班、设立服务网点、建立工作群全程跟踪闭环服务。定期组织开展课题调研，组织福建社会科学院专家与县乡村干部、台湾团队座谈交流，研究对策措施，持续健全完善政策措施。疫情防控期间，及时改进优化措施，采取帮助申请隔离补助、允许开展线上陪护式服务等方式为台湾团队提供帮助服务。

3. 营造合作氛围，助推乡村发展

坚持用好线上线下、境内境外、传统媒体与新兴媒体，制作精良视频、PPT、懒人包等，持续广泛深入直观地宣传推广闽台乡建乡创合作，讲好乡建乡创的“台湾青年故事”，引导推动更多台湾青年来闽参与乡建乡创。同时，福建省作为台

湾同胞的主要祖籍地，乡村积淀了他们的“乡愁”，始终注重通过分享交流、互学互鉴、“以台引台”等方式，促使台湾青年在培护故土原乡过程中体会同文同种、感受乡音乡情，增进文化认同和情感共鸣，推动台湾青年扎根福建乡村、夯实乡村振兴人才支撑、共同服务参与见证乡村振兴。

创新人才振兴，赋能乡村发展

——湖北省来凤县人才培训模式案例

案例类型：人才培训

关键词：农民大学，田间课堂，车间课堂

提交机构：中共来凤县委员会，来凤县人民政府

摘　要

湖北省来凤县在推进乡村发展中遇到的乡村人才匮乏是一个“卡脖子”的难题。来凤县创新“产业＋教育＋培育＋政策”模式，不断激活发展内生动力，引进社会力量建强人才培训平台、参与地方发展，逐步解决乡村人才总量不足、结构不优等问题，带动贫困人口 73 492 人实现脱贫，农村人均年收入 5 年平均增速 8.68%。来凤县开办的“农民大学”成为武陵山区“三农”发展的重要人才输出地，也为全国人才振兴赋能乡村发展打造“来凤样板”。

背　景

湖北省恩施土家族苗族自治州（以下简称“恩施州”）来凤县因凤凰飞临的传说而得名，位于鄂、湘、渝三省交界处。来凤县过去是“老、少、山、穷”的国家级贫困县，2014 年全县农业产业基地仅 10.9 万亩、人均 0.33 亩，并且农业产业

发展多以水稻、玉米等传统农业为主，商品化程度低。精准扶贫建档立卡时，该县的贫困规模为 21 913 户 79 074 人，综合贫困发生率为 28.05%，农民人均可支配收入仅 7050 元。受山区闭塞影响，当地缺少专业人才。针对产业发展与人才建设“僵局”，来凤县提出“以人才振兴赋能乡村发展”的工作思路，通过打造以武陵山国家农民培训基地为示范样板的“国字号”培训平台，整合资源在各乡镇建立农民实训产业基地，依托县内农业龙头企业打造农业高技术人才培育基地，增加农业技术加工、经营管理、特色农产品种植等各类复合型人才占比，推进农业发展转型升级，以人才振兴为乡村发展注入持续活力。

项目实施

1. 产业发展夯基石

经历届县委、县政府领导班子接力奋斗、精耕细作，来凤县逐步确立“两茶一果一菇一蜂”（藤茶、油茶，小水果，香菇，中蜂）为主导产业的基本思路，通过每年的春耕行动、秋冬季农业综合开发等，组织农民发展特色产业；创新实施产业扶贫到户奖补政策，对农户发展藤茶、油茶、蔬菜等 13 个产业扶持项目的进行分类分标准奖补，推进特色产业规模逐步扩大。

2. 农民大学传真经

来凤县通过整合县级财政统筹资金、东西部扶贫协作资金、武汉市对口帮扶资金等，搭建新型职业农民培训基地。在培训方式上，搭建“两个课堂”：一是“田间课堂”传技术，依托现有特色产业基地，创新性地把培训课堂搬到田间地头，实地演练农业技术操作规范；二是“车间课堂”讲方法，把课堂搬进企业生产一线，现场学习企业管理模式、经营思路、营销手段，通过引进创业培训课程模拟沙盘实战创业风险，提高学员的灵活经营思维。在培训内容上，采取“三个结合”：一是课程设置与农民需求结合，结合农民实际需求的差异化设置培训课程；二是集中培训和分户指导结合，推出“送教上门”，开展入户具体指导；三是培训方式和培训对象结合。在培训师资上，积极与农业农村部、湖北省农业科学院对接，聘请专家前来授课，设置专兼职教师 18 人；来凤县有很多农业专业合作社，引进周边“土专家”“田秀才”进行现场授课。

3. 抱团发展促共赢

一是提供创业孵化服务。借助培训平台，成立来凤县高素质农民创业孵化基地，按照产业分类分别设立规模创业孵化基地 10 个、乡村旅游孵化基地 10 个、电商孵化端口 30 个。二是提供农产品订单服务。培训基地利用自身优势将拿到的订单分包给农户，采取“培训＋订单＋分包＋回收”方式，统一组织培训、提供农资农药、技术管理指导、回购产品。采取“一十百千万”（建成 1 个中蜂良种繁育基地、发展 10 个标准化示范基地、培养 100 个养蜂致富带头人、带动 1000 户农户养蜂、每户增收 1 万元）、“企业＋村集体或创业者＋农户”“股权分享式”等模式，让农业产业链上的种植、加工、销售等不同从业者建立起利益联结机制。三是提供农产品展销展示服务。培训平台按照“请进来”的思路，联系字节跳动有限公司等国内大型媒体公司，以“直播带货”的方式为来凤县农特产品代言；按照“送出去”的思路，组织市场主体参加各类全国性农产品展销活动，盘活线下农产品，打响市场知名度。四是提供农产品加工服务。培训基地筹措资金 1000 万元建立农产品共享加工车间，对市场主体开放使用。

4. 政策保障强动能

在抢抓农村实用人才培训的基础上，来凤县千方百计集聚各方面优秀人才，每年设置人才基金1000万元，出台《来凤县推动乡村人才振兴实施方案》《来凤县引进人才激励保障实施办法》，建立县籍州外优秀人才库、“乡土人才库”共2000余人，大力选拔培养县域内“农业产业发展领军人才”4人。强化培训平台建设，建成省级企校联合创新中心1个、省级乡村振兴科技创新示范基地1个、州级企校联合创新中心2个、星创天地2个、院士专家工作站1个，帮助农业龙头企业取得专利成果13项。设立招才引智综合服务窗口，提供各项人才政策服务。

成　效

1. 产业与人才良性循环

“产业＋教育＋培育＋政策”发展模式使来凤县特色产业规模、农业企业数量实现“双增长”，特色产业面积由2014年的10.9万亩、人均0.33亩增至2021年的40余万亩、人均达1.5亩，农业企业增至国家级龙头企业1家、农民专业合作社示范社3家，省级重点农业龙头企业4家、示范社6家、家庭农场5家，州级重点农业产业化企业23家、示范社23家、示范农场4家。同时，来凤县农村实用人才培训平台已成为武陵山区乡村事业发展的重要人才输出地，学员覆盖武陵山区乃至全国各地。

▲ 来自湖北、重庆、湖南的 100 名国家级农业经理人在来凤县参加培训

2. 创富与带农共同推进

通过来凤县农村实用人才培训平台，提升了农民的专业技能、转变了经营理念，农民的自我致富能力得到增强，累计培训人才 2 万余人次，实现智力脱贫 3418 人，全县有在家劳动能力脱贫户、监测户 16 686 户实现就业，特色产业和新型市场主体带动有劳动能力和发展意愿的脱贫户、监测户发展的比例达 100%。同时，注重在培训中增强学员联农带农意识，学有所成的农民返岗创业后在各自岗位上将从来凤县培训基地学到的经验、知识传播给身边的人，实现“先富带后富”的示范效应，推进乡村整体发展。

3. 品牌与收益相互促进

打造的武陵山国家农民培训基地先后获得农业农村部科技教育司全国 100 个新型职业农民培训示范基地、全国首批创业创新园区等荣誉，被授予中共农业农村部党校（农业农村部管理干部学院）教学实践基地；打造的恩施州尚风寨蜂业有限责任公司获得“中国农业科学院蜜蜂研究所科技扶贫示范基地”“国家科技农业示范基地”等荣誉。2019 年，联合国可持续发展目标示范村国内首个项目培训班在来凤县开课，来自全球发展中国家的 57 名学员参加发展中国家职业培训与劳动力转移减贫培训研修班、发展中国家金融扶贫研修班，来凤扶贫的先进经验被成功向发展中国家分享、向世界展示。

▲ 2019 年，联合国国际研修班到来凤县交流扶贫工作经验

真实故事

湖北省来凤县旧司镇的胡燕平是当地的养蜂能手，虽然他建立了来凤县胡氏蜂业专业合作社，但合作社的规模一直不大。2016 年，他参加武陵山国家农民职业培

训基地的培训。当时，所学的中蜂养殖技术、企业经营管理理念扭转了他过去经营发展“单家独干”的思路。一方面，他利用培训学习到的技术解决遇到的难题，当年实现扭亏为盈，毛利润达20万元，第二年又把分红增箱加股，利润翻了一番；另一方面，培训增强了他联农富农的意识，他运用“基地+农户+客户”的模式发展公司品牌“土家蜜娃”，带动526户贫困户稳定就业。同时，他被武陵山国家农民职业培训基地聘为教师，负责中蜂养殖技术培训，发挥示范带动作用。2019年4月，农业农村部领导到胡氏蜂业专业合作社的农园中蜂养殖基地现场调研，对其给予高度评价。他获得第十一届“全国农村青年致富带头人”的荣誉称号。

经验与启示

1. 乡村发展关键在人

乡村振兴，人才是关键。乡村发展必须以农民为中心，依靠农民、为了农民，农民懂技术、会发展，产业振兴才有源源不断的优质劳动力和人力资本保障，尤其是对贫困山区来说，唯有形成“自我造血式”人才输出平台才是推进乡村振兴、长远发展的根本保证。

2. 乡村培训要有“土味”

来凤县开展的农民培训充分考虑到农民的文化程度、接受水平等因素，尽可能用通俗易懂的语言传授技术规范，让参训农户听得懂、记得住、学得会。在课程设置上，坚持一切以学员需求为出发点，深入挖掘学员的兴趣点，立足于让农民

"一学就懂、学了就能用"，差异化制定培训课程，激发学员的学习动力。

3. 乡村留人关注增收

农业要成为有奔头的产业，就要将传统意义上的农民转变为新型职业农民，通过创新农业发展新技术、新手段、新模式，促进物质利益最大化，让从事农业的人有利可图，从而提高农民的收入。

“金菊花”打造“金银谷”

——南京农业大学结对帮扶麻江县打造菊花产业项目

案例类型： 产业扶贫

关键词： 菊花产业，全产业链，农文旅融合发展

提交机构： 南京农业大学

摘　要

2016年以来，南京农业大学按照“用金牌学科、铸招牌产业、创品牌产品”的工作思路，在贵州省黔东南苗族侗族自治州（以下简称“黔东南州”）麻江县创新打造菊花产业帮扶项目。南京农业大学联合麻江县农业文化旅游园区管理委员会、麻江县农文旅开发投资有限公司、宣威镇和卡乌村共同打造“药谷江村”菊花园，引进菊花品种400个，建有观赏园区500亩，药用菊、饮用菊等菊花基地2000余亩。菊花科研团队开发菊花茶、菊花糕饼、菊花酒、菊花口红、菊花面膜等旅游产品，形成种植、加工、观光、销售一、二、三产业融合发展的金字产业链，打造麻江菊花科技旅游新品牌，助力麻江县脱贫摘帽，助推巩固拓展脱贫攻坚成果同乡村振兴有效衔接。

背　景

麻江县地处贵州省中部、清水江上游，是黔东南州的西大门，以山地为主，低山、低中山、丘陵、河谷及盆地占全县总面积的78.4%，山地资源丰富，耕地稀缺。由于当地气候湿润、降水量丰富，土地碎片化、规模小，限制了不少产业发展，面临农业特色产业发展较为缺乏、农业科技含量普遍较低、农业全产业链融合发展滞后、农业产业效益不稳定等突出问题。同时，由于大部分年轻人外出务工，导致从事种植农户的平均年龄为60岁，农业种植方式比较粗放，种植技术水平不高，农产品附加值低，市场占有率低。2016年，麻江县建档立卡贫困人口1.5万余户、6万余人，贫困村36个，贫困发生率为16.54%。针对限制很多产业发展等问题，南京农业大学组织专家团队深入麻江县田间地头调研，发现麻江县独特的喀斯特地貌对于发展草本植物，特别是鲜切花非常适合。南京农业大学按照“用金牌学科、铸招牌产业、创品牌产品”的帮扶思路，创新提出并实施菊花产业帮扶项目。

项目实施

1. 项目试点

2016年，为深入推进贵州省黔东南州麻江县贤昌镇高枧村的美丽乡村建设，真正通过产业帮扶加速全村脱贫致富奔小康，南京农业大学菊花课题组充分依托其在菊花种质资源与栽培技术方面世界领先的优势，并抓住麻江县高枧村夏同龢状元文化产业园建设契机，先在高枧村新建20亩菊花园，在麻江县建设打造菊花产业1.0——状元故里菊花谷，示范种植金陵国庆菊、茶用菊、鲜食菊和精品切花菊等4类共42个品种，为麻江县引种一批既可供旅游观赏又可供出售鲜切花和盆栽花的观赏菊品种。第一年试种的菊花非常成功，受到市场的欢迎。

2. 打造“药谷江村”菊花园

2018—2019年，南京农业大学联合麻江县农业文化旅游园区管理委员会、麻江县农文旅开发投资有限公司、宣威镇和卡乌村共同打造“药谷江村”菊花园2.0，以“十个一”（种植一片花、打造一台赋、开发一桌宴、泡好一杯茶、研究一服药、酿好一壶酒、展现一室历史、发展一个产业、链接一批农户、富裕一方百姓）为目标，共建麻江南农菊花研究中心，不断加强菊花品种改良，种植茶饮型、食用型、药浴型、观赏型菊花，助推菊花产业提质增效，全面促进菊花标准化种植、产业化经营、商品化处理、品牌化销售、农工旅融合，共同开展科技旅游“贵州麻江品菊季”。

3. 构建菊花全产业链

南京农业大学利用先进技术、科研成果和管理经验，构建菊花产业深度研发、种苗培育、技术推广、精深加工、销售合作的全程深度服务体系，不断加强菊花新品种引进与新技术推广，生产优质高品的茶饮型、食用型、药浴型、观赏型菊花，引导菊旅产业向深、向长发展，全面促进菊花标准化种植、产业化经营、商品化处理、品牌化销售、农工旅融合，打造高标准、高科技和高水准的菊花主题公园，建设现代菊花产业示范窗口、品牌培育孵化基地，为脱贫地区发展装上精品生产和体验旅游的双动力引擎。

成　效

1. 经济效益

自麻江县创新打造菊花产业帮扶项目实施以来，菊花产业共带动 26 个农业专业合作社，利益链接农户 300 余户 1000 余人，助力园区合作农户增收 70% 以上。通过举办“贵州麻江品菊季”，大力发展旅游业，服务带动农户 5000 余户，助推建档立卡贫困人口 1 万余人脱贫，助力麻江县 2019 年脱贫摘帽。截至 2021 年年底，通过开展“贵州麻江品菊季”，菊园接待游客 180 万余人次，带动综合收益超过 2 亿元。

2. 社会效益

一是获得上级主管部门的充分肯定。依托菊花、锌硒米、蓝莓等产业帮扶项目，3 次入选“教育部直属高校精准扶贫精准脱贫十大典型项目”，3 次荣获中央单位定点扶贫工作成效考核“好”的等级。二是获得地方的高度认可。南京农业大学社会合作处多次荣获“贵州省脱贫攻坚先进集体”，多次收到贵州省委、省政府发来的感谢信，当时贵州省领导在信中说：“贵校在麻江创新扶贫思路、促进科技推广应用、激发产业发展内生动力，已在贵州全省推广。”三是受到媒体的高度关注。中央广播电视总台、《人民日报》、新华社、学习强国、《中国教育报》、《中国科学报》等对项目报道 30 余篇次。2020 年，《花季中国》第二季分别以“花开花落”和“香满乾坤”两次报道南京农业大学在贵州省麻江县开展菊花产业和旅游帮扶的事迹。《脱贫大决战——我们的故事》第一集《向往》体现东西部扶贫协作，聚焦“最难啃的硬骨头”——深度贫困地区，深度呈现“五个一批”工程中的产业扶贫之路，其中讲述了南京农业大学通过菊花产业帮扶麻江县卡乌村脱贫攻坚的故事。

3. 可持续发展

菊花园绵延不断的壮美景色成为黔东名景，吸引省内外游客踏芳而来。菊花园修建 3000 米的进园游览观光大道，园内建有美食街、停车场、花海大门、坊石排水沟、木栈道、食苑餐厅、菊花大棚、茶舍等，基础设施建设得到进一步提升。基本公共服务显著增强，村集体将扶贫资金投入园区，每年可收入 10 万元。可持续发展能力明显增强，景村联动发展模式让村民直接享受到园区发展带来的红利。菊花节期间，园区附近的卡乌、富江、翁保等村农户的花生、红薯、新米、小米、党参、野菜等农产品，都在园区的脱贫集市上找到很好的销路。

真实故事

麻江县高枧村的刘奶奶在参与菊花产业项目前，以种植水稻和蔬菜为主，由于年老体弱、种植技术落后，年总收入约 4000 元。在南京农业大学菊花团队的指导下，她入股菊花种植合作社，种植新品种菊花 3 亩，并积极参加菊花加工、销售等各个环节，年收益超过 5 万元，走在麻江县农民致富之路的前列。

经验与启示

1. 工作经验

（1）金牌学科助力菊花产业提质增效。南京农业大学充分发挥科技和人才优势，为项目提供技术支持，引进菊花新品种 500 余个，种植观赏菊 500 余亩，种植茶饮型、食用型、药浴型等菊花 2000 余亩。通过共建麻江南农菊花研究中心、麻江县菊花观光与产品开发示范基地，不断加强菊花品种改良，助推菊花产业提质增效，全面促进菊花标准化种植、产业化经营、商品化处理、品牌化销售和农文旅融合发展。

（2）创新创业打造菊花产业品牌产品。南京农业大学菊花科研团队的硕士研究生、麻江乡村振兴研究生工作站成员联合成立泗阳泗枫院生物科技有限公司，依托南京农业大学菊花科研团队和麻江县2000余亩菊花资源，开发菊花口红、菊花面膜、菊花护手霜、菊花洗发水和菊花沐浴露等核心产品。

（3）景村联动打造菊花产业旅游胜地。“药谷江村”菊花园已成为贵州省最大的观赏菊花园种植基地，成为乡村振兴的一张亮丽名片。通过景村党建和“十户一体”，农户全部参加，组建农文旅农民专业合作社，利益链接农户325户，平均每户增收1.2万元。

2. 创新做法

（1）资源变资本，激活“沉睡”资源。采取土地、集体山林等资源要素入股分红的等多种形式，推动农村资产股份化、土地股权化，盘活各种资源要素，形成资源叠加效应，提高资源的利用率。贫困户通过土地入股参与分红，平均每户增收1.2万元；通过集体山林等自然资源入股，平均每户增收600元。

（2）资金变股金，聚集闲散资金。积极探索采取集中投入、产业带动、社会参与、农民受益的方式，使分散的资金变成股金，聚沙成塔，做大产业，推动农村发展。卡乌村的贫困户以5万元/户的“特惠贷”入股参与园区项目建设，抱团发展。这使资金变股金、农民变股民。他们按8%保底分红，平均每户增收4000元。

（3）农民变股东，富裕农民群众。坚持规模化、产业化、市场化发展，把生态做成产业、把产业做成生态，让农民从传统农业中解放出来，让资金在市场中流动起来，提高农民在土地增值收益中的分配比例，实现增收致富。以土地要素入股园区项目建设，每亩保底分红 1200 元，每 5 年递增 200 元，到 2032 年每亩保底分红 1800 元；以山林要素入股园区项目建设，每亩保底分红 600 元，每 5 年递增 100 元，到 2032 年每亩保底分红 1200 元。

（4）科技变效益，产业聚农强县。截至目前，麻江县菊花种植面积已达 2500 余亩，500 多种花色的菊花品种在麻江县的药谷江村菊花园中竞相绽放，150 余万人前来观花赏景。同时，农家庭院经济和传统农业消费相互融合，让当地盛产的花生、红薯、小米、党参等名优土特产品走出大山，也带动当地民宿、农家乐的消费市场，带动当地旅游综合收入超过 2 亿元。

以“稻”为媒，以“农”促旅

——广西古辣镇大陆村农文旅融合发展案例

案例类型：产业扶贫

关键词：景观农业，国家地理标志，农文旅融合

提交机构：广西壮族自治区乡村振兴局，南宁市乡村振兴局

摘　要

广西壮族自治区宾阳县大胆探索现代农业园区创新发展的路子，扎实推进“稻花香里”田园综合体项目建设。在“稻花香里”田园综合体项目实施过程中，古辣镇大陆村依托优越的地理环境和良好的区位优势，充分发挥“古辣香米”国家地理标志保护产品、“稻田艺术”这块金字招牌的品牌引领效应，以“稻”为媒，推进农文旅融合发展，勠力打造“产学研”合作平台，聚焦农业产业现代化融合发展新趋势，走出一条现代农业园区创新发展的特色之路。

▲ 宾阳县古辣镇大陆村村内景观

背 景

古辣镇大陆村位于“中国炮龙之乡”宾阳县的东南部，全村共有 180 户 720 人，村民以种植水稻为主，外出经商、劳务输出为辅，经济收入来源单一。跟许多普通山村一样，这里由于人多地少、产业结构单一，所以大多数村民只能选择外出务工。近年来，宾阳县大陆村以乡村旅游为切入点，与华南农业大学合作共建古辣香米研究院，与广西农业科学院水稻研究所建立宾阳工作站等，着力打造产学研合作平台，共同开展香稻新品种选育、香米品质与食味研究及优质常规香稻品种提纯复壮；引进香稻新品种进行试验、示范，筛选符合古辣香米质量标准的优质品种，并开展增香增产技术示范指导和培训，促进宾阳县的香米产业持续健康发展，解决水稻传统栽培遇到的瓶颈，使“种粮农民有钱挣、得实惠、日子越过越好”的目标基本实现。同时，通过加快推进农旅融合发展，将“稻田艺术”景区进一步融入“稻花香里”田园综合体的建设，建成国家现代农业产业园，全面实现强村富民的目标。

▲ 大陆村古辣香米研究院

项目实施

1. 推进人才振兴，改变乡村风貌

大陆村大力推举懂农业、爱农村、爱农民的外出创业成功人士、经济能人、新乡贤带领群众增收致富。2014 年，以韦明、韦桂意为代表的一批返乡创业青年组织村民自行拆除村内部分旧房屋，自筹资金开山挖土，对全村宅基地进行统一规划，新建住宅 180 多套，使全村告别过去的泥瓦房时代。2015 年，大陆村被南宁市城乡建设委员会列为全市农村住宅建设管理及推荐户型建设示范点。

2. 农文旅融合，产业发展加速度

2016 年，古辣镇大陆村以打造宾阳万顷香米产业示范基地为契机，加大土地流转力度，实行“小块并大块”，通过租赁、置换耕种等方式集中全村山地 2000 多亩，水田、旱地 600 多亩，发展特色生态产业，提高村民收入。2016 年 7 月，大陆村村民委员会委托深圳中国稻草人艺术团队在村内凤凰垌 55 亩稻田上设计稻田艺术画，专门进行稻田艺术设计及文化创意，打造采用青、黄、紫等颜色的稻谷秧苗的稻田艺术画，成功吸引全国各地游客旅游参观，使大陆村更有名气，也坚定大陆村以“稻”为媒，打造乡村集休闲、旅游于一体的精品旅游示范点的决心。

▲ 大陆村的稻田艺术画

3. 优品优创，地标品牌新活力

宾阳县扎实推进坐落于古辣镇的“稻花香里”田园综合体项目建设。“稻花乡里”田园综合体项目区总规划面积约 4.2

万亩，涉及古辣镇的古辣、刘村、义陈和马界等 4 个行政村共 27 个自然村，受益人口 5.02 万人。为了充分发挥“古辣香米”国家地理标志保护产品这块金字招牌的作用，扩大其品牌影响力，真正让“古辣香米”成为可持续发展的富民产业，大陆村积极创建国家 3A 级稻田艺术旅游景区。宾阳县立足于县域实际情况，与华南农业大学合作共建古辣香米研究院，开展香稻新品种选育、香米品质食味研究、品种提纯复壮等研究。

4. 村企合作，增产收入多元化

大陆村理事会积极发动党员、群众，采取自愿入股的方式成立旅游公司，配套建设彩虹滑道、彩虹桥、碰碰车、小火车等体验项目，并打造玻璃观景桥、玻璃水滑道等景点，拓宽村集体和群众增收的渠道。同时，与广西观复农业科技有限公司团队合作，以稻田艺术画为依托，打造以农耕文化为核心，集农耕文化体验、生态农业观光及休闲民宿度假于一体的乡村休闲度假旅游区，带动本村 3 户脱贫户和 80 名村民实现就近就业。

5. 新风新貌，乡村治理大提升

一是大力实施农村人居环境整治提升行动。不断深化“建一抓五管十”（建立一个乡村治理党小组，每个小组抓好五户诚信中心户长的工作，每个诚信中心户长管理十户农户做好乡村风貌提升）工作机制，注重支部发动、党员带头，采取基层治理层级化管理模式，有效发挥群众的主体作用，提升基层风貌。二是增强文化传承，弘扬新时代乡风。将原学校旧房改造建成村史陈列室，通过介绍大陆村的历史渊源、民俗文化、文经武略、盐业文化、好人好事、新农村建设、生产生活等，使“厚德载福，耕读传家”的农耕文明得以传承。每月开展讲习活动，邀请讲师讲习社会主义核心价值观、习近平总书记系列重要讲话精神、乡村振兴等方面的知识政策，促使文明新风落地生根。三是建立健全“一约四会”，即将新风正气纳入村规民约，设立善行义举榜、好人好事榜，动员党员、群众自觉抵制陈规陋习，大力培养有文化、有志气、有道德、肯奉献、懂技术的新农民；建立健全村民议事会、道德评议会、红白理事会、禁毒禁赌协会等群众性组织。

成　效

1. 农文旅融合促进集体经济增收

古辣镇大陆村坚持把产业振兴作为推进乡村振兴的重中之重，以“稻”为媒、村企互动、农旅结合，走农文旅融合深度发展之路。2021 年，大陆村稻田艺术景区获评国家 3A 级旅游景区。乘着大陆村稻田艺术景区获评国家 3A 级旅游景区的东风，大陆村通过对外承租山林，与景区的 4 家旅游公司签订合作协议入股分红，村集体经济收入突破 300 万元。

2. 特色产业促进业态升级与就业增加双赢

大陆村稻田艺术景区周边各类服务业也竞相发展，吸引外出务工人员选择返乡创业。目前，大陆村返乡人才回村开办餐馆 1 家、休闲农庄 1 家、民宿 20 间，带动 80 名村民实现就近就地就业。2021 年，大陆村人均年纯收入超过 2 万元，人均增收 2000 元，实现农业增效和群众致富双赢。

▲ 游客在古辣镇大陆村乘坐“稻田小火车”观赏稻田

真实故事

韦平是古辣镇大陆村的优质水稻种植大户。在大陆村旅游区未建成前，他只能将稻谷卖给专门收购的商人，因为稻谷价格低、利润少，一年到头辛辛苦苦，赚不到多少钱。2021 年，宾阳县古辣镇大陆村稻田艺术景区荣获国家 3A 级旅游景区。随着游客的不断增多，韦平看到商机。于是，他在景区开了一家米店，自己做起了老板，为游客提供优质“古辣香米”。当时，米价每斤从 3.5 元到 3.8 元不等，他平均每天能卖出优质香米 300 千克，仅卖米一年增收约 2.5 万元，整体收入提高，再也不用东奔西跑找销路，家庭的生活费、孩子的学费都够了，实现增收致富。

经验与启示

1. 顶层设计，为乡村振兴赋能

大陆村在村庄规划时注重乡村治理和保护生态环境，定位为产业、教育、养生、旅游四大主题，构建“一带一心”“两核四区”的空间结构，打造“稻花香里”示范带、建设乡村旅游产业发展中心，以“古辣香米”“稻田艺术”为核心，努力打造集农耕文化体验区、生态农业观光区及休闲民宿度假区、生态农业采摘区于一体的乡村休闲度假旅游区，夯实农业经济基础，积极进行产业结构调整，延伸农业产业链，转变农业发展方式，推进一、二、三产业深度融合发展。

2. 政府引导，村级自主建设新面貌

古辣镇大陆村充分利用宾阳县委、县政府的大力支持，整合各级财政资金完善村民委员会综合办公楼、灯光球场、环村硬化道路、污水处理厂等基础设施，为发展乡村旅游业奠定基础。通过大力实施“战斗堡垒”建设工程、扎实推进“头雁领航”工程和农村优秀人才回引计划，着眼于打造服务乡村振兴的骨干力量，挖掘经济能人牵头带动，打好“乡情牌”“乡愁牌”，优选乡土人才参与乡村振兴工作。

3. 集体主导，团队运营打响品牌

古辣镇大陆村坚持把发展旅游首位产业作为引领经济发展的重要引擎，全力打造“拳头”景区，持续提升大陆村旅游景区品位，促进景区景点提档升级。大陆村理事会集中全村山地、水田、旱地等2600多亩，成立农业经济开发有限公司，建立全村利益联结机制。村民以股东的身份入股，享受集体分红。将休闲农业发展与现代农业、美丽乡村、生态文明建设融为一体，掀起“产学研游”热潮。

数字赋能、产业为基的减贫模式

——洪九果品发展特色水果产业案例

案例类型：产业扶贫

关键词：数字赋能，特色产业，农业品牌，供应链

提交机构：重庆洪九果品股份有限公司

摘　要

发展特色产业是贫困地区破解脱贫难题的重要途径，但国内外乡村地区尤其是贫困地区的特色产业往往受限于上、下游产业衔接不畅，产业标准化和数字化程度较低等因素，产业扶贫效应不明显。重庆洪九果品股份有限公司（以下简称“洪九果品”）在与国内外贫困地区特色水果基地合作过程中，依托自身产业链优势和数字技术优势，提升当地水果品质，打造特色水果品牌，打通从种植端到销售端的产业链，有效带动贫困户产业脱贫。截至 2021 年年底，洪九果品已将上述模式推广到国内的 9 个省份和国外的泰国、越南，国内外减贫效果明显。

背　景

长期以来，由于水果行业标准化、数字化程度较低，导致上游种植端产品质量参差不齐，销售缺乏保障，农民增产不

增收的情况时有发生；在运输仓储环节，供应链数字化程度偏低对运输、仓储缺乏有效监控，导致水果损腐率居高不下；在下游分销环节，下游市场需求数据无法被及时传递给上游，导致供需脱节。尤其是2020年以来的新冠疫情对水果行业造成巨大冲击，农村地区水果滞销问题愈加突出，产业减贫面临挑战。洪九果品是一家来自原国家级贫困县的国际化鲜果产业龙头企业。自成立以来，在重庆市委、市政府的坚强领导和社会各界的大力支持下，洪九果品主动承担社会责任，积极响应脱贫攻坚和乡村振兴战略，以保障“三农”持续发展为己任，立足重庆、辐射全国、面向世界，先后在“一带一路”沿线泰国、越南等地投资建立直采基地及子公司，利用数字技术赋能产业发展，逐渐发展成为一家国际化产业减贫优秀企业。针对贫困地区水果产业存在的问题，洪九果品充分发挥自身在技术、管理、品牌、渠道及数字化供应链等方面的优势，探索出“基地共建+订单包销+数字赋能供应链”的产业减贫模式，并将该模式推广到国内其他省份及泰国、越南等“一带一路”沿线发展中国家的乡村贫困地区。

项目实施

1. 上游种植端通过“基地共建+订单包销”模式提升水果品质，打消种植户的顾虑

针对上游种植端果农缺乏专业种植技术及水果产品标准化程度低的问题，洪九果品与乡村地区的果园通过基地共建的合作模式共建种植基地。洪九果品组织技术专家帮助种植基地输出种植技术和标准，建立冷库工厂和分选设备，并依托自身数字供应链优化分选流程，提升水果的品质和储存周期。针对

种植户水果的销路没有保障的问题，洪九果品通过与果园共建基地合作，使果园产出水果的品质有了提升和保障。在此基础上，洪九果品直接与果园种植基地提前签订水果包销合同，直接负责包销，打消种植户的销售顾虑。

2. 在中游帮助产地打造特色水果品牌，提升产品溢价和市场竞争力

在解决上游种植端水果品质和种植户的销售顾虑后，洪九果品发挥自身在水果行业多年的积累，通过深挖品牌故事、突出水果产地特色等方式帮助合作果园基地共同打造水果单品品牌，以品牌增加产品溢价，提升市场竞争力。

▲ 洪九果品帮助奉节县打造的黄桃品牌“奉上好”

3. 在下游拓宽新零售渠道，畅通产品销路

洪九果品自 2014 年以来积极响应国家扶贫政策，依托自身从生产、物流、多级批发至配送的完整链，积极与以电商为代表的新零售商开展合作，帮助农村贫困地区产品拓宽电商渠道，助力种植户脱贫减贫。截至 2021 年 6 月 30 日，洪九果品

已与超过 100 家新兴零售商开展业务合作，新零售业务销售收入超过 10 亿元，成为京东、盒马、美团优选、钱大妈等新零售平台的重要供货商，有效保障上游种植端产品的销路。尤其是 2020 年新冠疫情暴发以来，洪九果品深入农村地区收购滞销水果，积极发挥新零售渠道优势，有效化解疫情带来的产品滞销风险，保障疫情防控期间农产品稳定供应。

▲ 果农采摘猕猴桃

4. 建立连接国内外市场的“洪九星桥”数字化供应链体系，用数字技术为产业发展赋能

洪九果品利用数字技术自主研发数字化核心系统，通过数据收集和分析，在行情预估、订单预估、智能预警、智能温控、智慧定价等方面做到更智能的供应链数字化管理，实现果品“采、运、销”全渠道和全业务链路数字化集成管控，大大提高各环节的效率。在上游种植环节，“洪九星桥”通过收集果园的海量数据并基于互联网设备为果园提供销售预测，便于制订相应的生产计划，提高种植效率。在下游销售环节，该系

统可以收集销售端行情及客户偏好数据，持续分析各区域的水果销售价格走势、供给情况，为不同渠道匹配最优报价。

成 效

1. 拉动一批国内外乡村地区特色水果产业发展，以产业促减贫

在国外，洪九果品通过基地共建的模式深耕泰国、越南基地 10 余年，累计投资超过 780 万美元，建立水果加工厂 16 个，并派驻一支近 400 人的技术团队为当地水果种植提供催花、疏果等技术支持。

在国内，洪九果品已与 9 个省份近百个水果原产地建立合作关系，通过基地合作直采、标准化加工、品牌打造、数字化供应链管控等手段带动国内多个贫困地区的特色水果产业发展，如贵州息烽县的猕猴桃产业、重庆奉节县的黄桃产业等。多个地区通过水果产业带动上万户果农实现产业脱贫。

▲ 洪九果品在息烽县打造的“猕天大圣”猕猴桃品牌

2. 依托新零售渠道有效破解农产品供销难题

受新冠疫情影响，一段时期内，全国水果基地普遍遇到短期流通障碍问题，大量应季水果出现滞销危机。国务院应对新型冠状病毒肺炎疫情联防联控机制要求做好农产品稳产保供工作。洪九果品应声而动，依托超过 100 个新零售合作商的渠道优势，帮助国内多个水果产地解决疫情防控期间的水果滞销难题。

3. 加强国内外产业链、供应链畅通衔接，助推“一带一路”高质量发展

洪九果品一方面通过在海外设立子公司、投资建厂、共建基地的形式将国内外水果产业链有效连接，丰富国内水果消费品的进口渠道，保证进口水果的品质质量；另一方面，通过自建数字化供应链体系，不仅打通国内外水果产业供应链体系，还通过数字化手段提高供应链的效率。

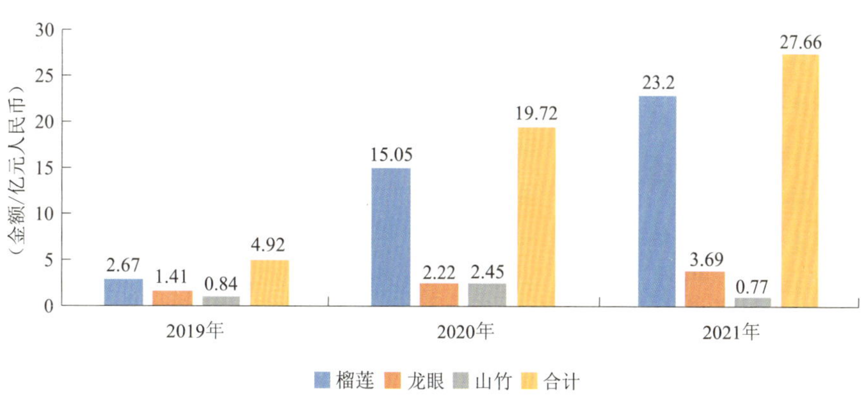

▲ 2019—2021 年洪九果品进口泰国水果情况

4. 打造一批乡村地区新名片

洪九果品在与水果产业基地共建的过程中，除了输出种植技术标准、解决销售问题外，还注重挖掘品牌故事、打造特

色水果品牌。截至2021年，洪九果品在全球已经打造18个水果品牌组合，涵盖国外基地的榴莲、龙眼、火龙果及国内基地的猕猴桃、黄桃、芒果、荔枝等品牌，不少品牌已经逐渐成为极具产地特色的城市新名片，如“猕天大圣”猕猴桃品牌成为息烽县的新名片、“奉上好”黄桃品牌成为奉节县的名片，还有“海芒君”芒果、“海美荔”荔枝成为海南省的名片。

真实故事

奉节县地处秦巴山集中连片特困地区，是重庆市14个国家扶贫开发工作重点县之一。邱家勇曾是奉节县汾河镇段坪村典型的贫困户，其父母近80岁，两个孩子分别上高中和大学。全家靠他在外打零工维持生计。

2016年，在洪九果品以“基地共建+订单包销”模式与奉节县黄桃种植企业开展合作后，邱家勇从外地返乡开展黄桃种植并参与黄桃加工，其家庭年收入从不足2万元增加到10万元，全家顺利脱贫。

经验与启示

1. 产业扶贫的核心是打通上下游产业链

贫困地区产业发展落后的重要原因是未能与上下游产业链建立有效连接，导致“酒香也怕巷子深”，好产品却愁销路。洪九果品在帮扶贫困地区发展特色水果产业的过程中，除了输出技术标准外，最关键的是利用自身供应链优势将种植端供给与下游消费端需求完美匹配，打通上下游产业链，也打消种植户的生产销售顾虑。

2. 产业扶贫的关键是提升产业的市场竞争力

产业附加值的高低直接决定贫困地区特色产业的市场竞争力，关系产业发展的前景和产业减贫的长期效果。洪九果品在帮扶贫困地区水果产业的过程中，从两个方面着力提升当地水果产业的市场竞争力。一方面，洪九果品通过为上游种植基地提供专业的技术指导支持，甚至在有些地区投资建立工厂和冷库，以提高产品质量和存储期；另一方面，洪九果品通过挖掘产地特色，打造单品品牌的形式为当地水果产业提升附加值。

3. 要充分发挥数字科技等新技术在产业发展中的作用

产业发展滞后是贫困地区落后的重要原因之一，而科技含量不足则严重制约贫困地区的产业发展。积极响应党和国家号召，充分发挥数字科技等新技术力量在产业发展中的作用，对产业扶贫至关重要。洪九果品正是发挥数字技术的优势、建立数字化供应链体系，才得以高效连接国内外上下游产业资源，助推国内外贫困地区特色水果产业发展。

曲拉法制备干酪素助力牧民脱贫增收

——华羚公司助力甘肃牧区产业升级案例

案例类型：产业扶贫

关键词：干酪素，曲拉加工新技术，数字化平台

提交机构：甘肃省人民政府新闻办公室，中国外文局全球发展知识交流中心

摘　要

位于甘肃省甘南藏族自治州（以下简称“甘南州”）的甘肃华羚乳品股份有限公司(以下简称“华羚公司”)，依托甘肃、青海、西藏、四川、云南等省（区）丰富的曲拉资源，以曲拉为原料规模化生产干酪素，其产出的干酪素在国内和国际市场上都具有很强的竞争力。在华羚公司的努力下，曲拉的产业化水平得到极大提升，曲拉的收购价格增长44倍。华羚公司累计投入牧区原料收购资金达100亿元，帮助甘肃、青海、西藏、四川、云南等5个省（区）的农牧民10.6万户53万人增收，在其带动的2.95万户甘南州农牧民中有1.2万户是建档立卡贫困户。近年来，华羚公司还围绕牦牛乳鲜奶的加工将产业链进一步延伸，帮助更多当地群众实现脱贫致富的梦想。

背　景

干酪素是一种重要的食品、化工原料，其主要成分为酪蛋白，其下游应用包括食品加工、医药、造纸、皮革生产、涂料、塑料加工等。据估计，国际市场对干酪素的需求量高达30万吨，年消费增长率达20%，市场供应远远不能满足庞大的市场需求。国际上，鲜乳是生产干酪素的主要原料，但中国的鲜乳原料供应不足且价格较高，以鲜乳为原料生产干酪素缺乏规模经济。20世纪80年代以来，国内的干酪素生产加工企业将青藏高原地区牧民家庭出产的一种发酵乳干渣曲拉（又称“奶疙瘩”）作为生产干酪素的主要原料，形成具有中国特色的干酪素生产技术路线。

华羚公司成立于1994年，经过20多年的发展，已成为国内规模最大的干酪素生产企业，年生产能力达1万吨。通过收购牧民手中的剩余曲拉进行干酪素加工，华羚公司帮助农牧民提高曲拉的经济价值，增加他们的收入。用曲拉制成的干酪素的生产成本低于用鲜奶制成的进口干酪素的生产成本，这种干酪素市场竞争力强，解决了我国干酪素长期依赖进口的难题。目前，华羚公司生产的干酪素约占全国干酪素总产量的72%以上，其出口量占全国出口量的75%以上。

项目实施

在发展过程中，从当地农牧民手中收购的曲拉是华羚公司发展壮大的动力，甘南州政府也在企业改制、生产用地和进出口经营权审批等方面为其提供支持。华羚公司也在全国脱贫攻坚工作中贡献着自己的力量。

1. 建立与农户、村集体的利益联结机制

华羚公司采取“公司＋基地＋合作社＋农牧户”的产业化经营模式，与农牧民建立稳定的产业带动扶贫长效机制，构建基地培育、原料市场、生产加工、自主研发、销售网络及产业延伸的完整产业体系；接收贫困户财政扶贫专项入户资金和村级集体经济资金作为股金，以入股形式由乡政府统一组织投放，以年不低于 8% 的股金收益分红给股民和村集体，稳定增加贫困户及村集体的经济收入。

2. 助推帮扶村增加收入

紧盯贫困人口持续增收这一核心问题，从改善基础设施、提高思想认识、稳定增收来源等方面强化帮扶工作措施，全力助推发展生产、增加收入。根据“扶贫先扶智”的帮扶策略，华羚公司努力推动牧民劳动技能培训和科技推广服务工作，利用自主研发平台和技术优势帮助牧户改变曲拉传统粗放的加工模式，把拥有自主知识产权的曲拉加工新技术向广大牧民进行推广和指导，向贫困农牧户推广小型酥油分离机，帮助牧户掌握曲拉制作新工艺，减轻劳动强度，解放劳动力，使牧户省出更多劳动力从事其他创收工作，引导和鼓励剩余劳动力外出务工，拓宽牧户的增收渠道。

3. 围绕牦牛乳延伸产品价值链条

华羚公司在 2015 年投资 5.76 亿元建成占地近 300 亩，集自动化、数字化、现代化于一体的牦牛乳产业园一期工程，新建年处理 10 万吨鲜奶的精深加工生产线。在奶源收购方面，对签订协议的农牧户采取优惠价收购，华羚公司的鲜奶收购价格比市场收购价格每千克提高 0.4 元、曲拉收购价格每千克提高 0.2 元，通过采取多种举措帮助贫困群众增收，有效调动他们发展生产、脱贫致富的积极性和主动性。

▲ 华羚公司的牦牛乳制品自动化生产线

4. 搭建数字化平台促进产业健康发展

在牦牛乳产业园投资建设甘南牦牛乳（曲拉）交易中心，采用“互联网＋市场＋公司＋牧户”的交易模式，搭建农牧业订单和现货市场交易平台、仓储和物流集散平台、农牧民订单生产融资平台、市场行情接收和信息发布平台，为广大农牧民和企业提供原料供给、市场交易、行情信息等综合服务，及时接收国内外乳品原料市场的行情动态信息，发布青藏高原牦牛乳、曲拉的行情动态，用市场手段引领牦牛乳产业的发展方向，有效促进曲拉、牦牛乳市场健康有序发展。

▲ 正在挤牦牛乳的牧民

成　效

1. 提高特色产业价值，带动农牧民增收

华羚公司的干酪素、牦牛乳的市场竞争力增强后，农牧民的增收渠道也随之拓宽。在华羚公司的带动下，甘肃、青海、四川、西藏、云南等地牧区的曲拉收购价格由 1994 年的 1.2 元 / 千克上涨到 2021 年的 42 元 / 千克，2008—2009 年一度达到 53 元 / 千克。华羚公司累计投入牧区原料收购资金达 100 亿元，带动农牧民 10.6 万户 53 万人增收，其中带动甘南州农牧民 2.95 万户，带动建档立卡贫困户 1.2 万户，曲拉和牦牛鲜奶对农牧民年均纯收入的贡献率达 45%。

2. 解决本地化就业，促进减贫带贫

解决附近地区大量劳动力就业。华羚公司与合作市人民政府签订合作协议，共带动 20 个行政村的建档立卡贫困户 970 户 5589 人稳定增收，已累计解决“三区三州”深度贫困地区中甘南、临夏等地的 238 名贫困大中专毕业生的就业问题。

3. 延伸产业链条，提高辐射带动力

将甘南州的曲拉产业打造成为特色优势产业。甘南州已成为全国的曲拉交易中心，其交易量占全国总交易量的 90%，也成为我国牦牛乳系列产品的主要研发、生产、销售聚集地，有效推动其他涉藏州县农牧民增收致富和产业发展，使产业扶贫带动辐射作用更加凸显。甘南州的酪蛋白系列产品产量占全国产量的 90%，“奶疙瘩变成了金疙瘩”。产业的带动有效调动了牧区群众发展生产、脱贫致富的积极性和主动性，托举其实现小康的新希望。

▲ 华羚公司为 2021 年度甘南州合作市佐盖多玛乡入股村集体及农牧户分红

真实故事

来自甘肃省合作市佐盖曼玛乡地瑞村的藏族妇女仁欠吉是一位带着3个孩子的单亲妈妈。她因缺技术、缺资金成为贫困户，靠做保洁工、到工地搬运等维持生计。2019年3月，她入职华羚公司，成为干酪素车间的操作员。经过培训，她很快掌握了操作技术，能够高质量完成工作。她的月薪为4200元。“我现在也是赚工资的人了，收入稳定，生活比以前好很多。”她难掩喜悦之情地说。

经验与启示

1. 经济欠发达地区同样可以打造出独特的竞争优势

一些欠发达地区具有丰富的自然资源，但这些资源往往没有被恰当利用。在未开始用曲拉生产干酪素前，农牧民生产的曲拉大部分得不到有效的利用，无法进入市场进行交易。这也是很多地区的自然资源开发面临的共性问题。以曲拉为原料大规模生产干酪素的成功证明，用恰当的技术路线对本地资源进行精加工、深加工是贫困地区发展经济的可行道路。

2. 立足增量市场是巩固脱贫成效的可靠途径

扶贫的正确打开方式不应该是富裕地区和富裕人群补贴贫困地区和贫困人口的存量资源再分配，更不应该逃避市场竞争，而应该着眼于开拓增量市场，更好地满足市场需求，让更多贫困人口自食其力、提高经济收入。收集牧民手中闲置的曲拉制取干酪素就是建立在满足真实的增量市场需求基础上。由于干酪素的下游应用领域极广，现有供应量跟不上需求的增长，所以行业还有进一步扩容的空间。这也意味着为华羚公司提供曲拉的农牧民的收入还有进一步增长的空间。

3. 重视企业家在产业扶贫中发挥的作用

在华羚公司的发展历程中，企业家个人的探索和努力发挥了重要作用。甘南地区第一笔出口创汇、本地搭建的第一条互联网线路都是在华羚公司创始人的努力和推动下实现的。优秀的企业家能对贫困地区本不具有竞争力的生产要素进行巧妙组合，从而形成富有竞争力的生产函数，打造持久的商业竞争力。欠发达地区政府更应该做好对民营企业的支持与服务，打造良好的营商环境，鼓励企业家创业探索。

将小农户融入农业产业价值链
——国际农发基金支持陕西农村特色产业发展项目

案例类型： 产业扶贫

关键词： 价值链，特色产业，商业计划书

提交机构： 国际农业发展基金陕西农村特色产业发展项目省项目办

摘　要

国际农业发展基金（以下简称“国际农发基金”）贷款陕西农村特色产业发展项目从 2018 年 6 月开始在陕南秦巴山区汉中市、安康市、商洛市的 9 个区县实施，在以商业计划书模式实施的基础上，创新性地通过扶持企业和农户之间建立互相依存的价值链，使项目产业资金通过企业实现对农户点对点的支持和帮扶，不仅保证项目产业资金对广大小农户、特殊群体的直接帮扶，帮助小农户真正融入当地农业产业价值链，而且帮助企业通过构建完整的价值链在很大程度上解决项目区农业产业用工难的问题。

背　景

发展农村产业，推进农业供给侧结构性改革，是落实国家乡村振兴战略的重要措施。特别是近年来，各地通过扶持和

发展农业合作社组织，推行“企业＋合作社＋农户”等多种形式的产业经营模式，大大促进农村产业蓬勃发展。但是，通过深入分析当前国内农业产业价值链的发展情况，许多农业产业发展项目普遍存在以下主要问题：一是小农户或特殊群体的参与度不高，很难真正融入农业产业价值链；二是农村产业发展项目资金缺乏影响对小农户的直接帮扶模式。为了探索和解决农村产业发展中的问题，国际农发基金于2018年在陕南秦巴山区的汉中市镇巴县、南郑区、西乡县和勉县，安康市的汉阴县、镇坪县和汉滨区，商洛市的丹凤县和山阳县等9个区（县）开始实施农村特色产业发展项目，从项目设计之初就确定依托农业企业、合作社对小农户进行点对点扶持的项目实施方案，希望能够通过项目的实施建立小农户和农业企业、合作社之间紧密的依存关系，从而帮助小农户进入可持续盈利的价值链，帮助企业构建健康持久的价值链。

项目实施

1. 采用商业计划书的实施模式

陕西农村特色产业发展项目采用商业计划书的实施模式，通过与农业企业、合作社合作的方式，由申请项目的经济实体编制商业计划书，由当地项目领导小组办公室（简称“项目办”）组织专家进行专业评审，采取竞争性的方式确定实施项目。商业计划书中支持的项目内容涉及培训和咨询服务、生产性投入、生产性基础设施及设备、产后基础设施及设备、营销及品牌推广活动、农产品追溯系统等产业链的各个环节。其中，该项目优先选择采用订单农业方式的商业计划书，限制纯粹以入股分红为收益方式的商业计划，要求每份商业计划书中扶持的相对贫困农户和特殊群体数量不能低于所扶持农户总数量的50%。

2. 项目资金对农户进行点对点的支持

企业在编制商业计划书时，要求所有项目资助的资金都必须与具体的农户进行量化关联，并通过绘制价值链图、召开价值链识别研讨会实现对小农户点对点的支持和帮扶，使小农户能够真正融入企业农业产业价值链。项目为每个参与订单生产的小农户提供90%的启动资金，农户只需要承担10%的费用，减轻小农户的资金压力，打消其对投入产业风险的顾虑。项目要求农户承担10%的费用，也是为了使农户对参与产业生产具有归属感和责任心。

3. 严格商业计划书的评选、检查和验收程序，保证将对小农户的帮扶落到实处

为了保证整个商业计划书实施过程的公平和公正，符合项目建设的要求，商业计划书的选择标准需遵循3个原则：一是覆盖项目目标人群，特别是以前的贫困人口和特殊群体；二是目标人群通过公平、可持续的订单农业方式参与项目；三是商业计划书建议的项目具有可行性和可持续性，能够引导广大小农户参与价值链。在评审环节，各区县项目办负责收集农业经营实体提交的商业计划书，由商业计划评审委员会对其进行评审，评审通过后由各区县项目领导小组进行审批，最后再向省项目办备案。商业计划评审委员会由区县项目办聘请的外部技术专家、行业部门专家组成。评审委员会按照《项目实施手册》中明确的标准进行专业评审，并提出审查完善意见，同时要对申请项目进行实地考察，确认所提议项目活动的有效性。在向企业支付项目扶持资金时，需要由县项目办组织的专家小组对商业计划书中关联农户的项目投入情况进行阶段性验收和完工验收。

4. 通过运用管理信息系统实现对商业计划书的精细化管理

为提高项目的管理效率、规范项目管理流程，陕西农村特色产业发展项目利用管理信息系统协助进行项目管理工作。除了由项目办使用管理信息系统进行合同管理、财务管理外，还创新性地开发和应用商业计划书客户端，由企业和合作社通过系统录入和编制商业计划书、填报实施进度和验收申请。企业在通过管理信息系统编制商业计划书的投资计划时，需要根据项目设定的投资规则首先录入每个农户的项目活动和投资金额，然后由系统自动汇总生成商业计划书的投资计划表、不同资金来源的分配额度和电子版的商业计划书文本。企业在申请项目验收时也会同样自动生成相关流程。

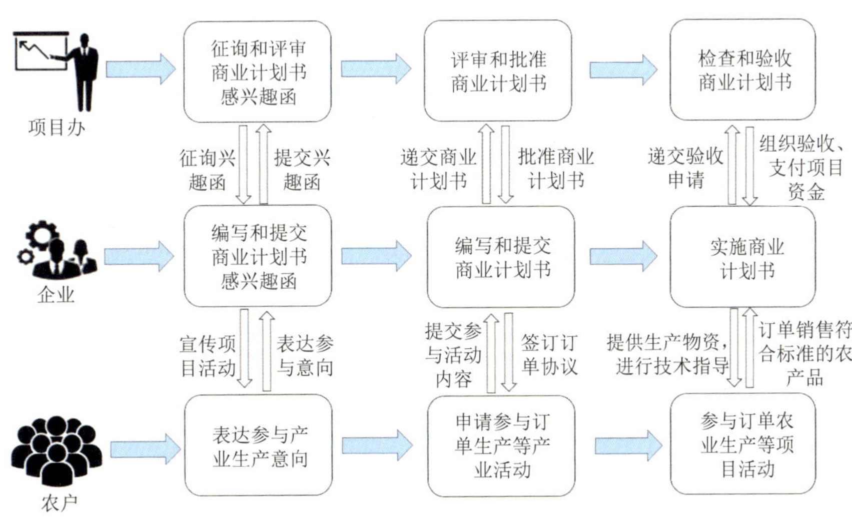

▲ 商业计划书的实施流程

5. 通过市场化的运营方式扶持企业建立和农户的产业价值链

为了使项目所支持的活动及其所产生的影响具有可行性和可持续性，该项目以市场化的运营方式，以与民营企业合作为主，利用其在农业经营及市场开拓方面的专业经验，来实现带动广大小农户、贫困人群脱贫的目标。

成 效

1. 促进乡村特色产业发展

该项目通过 3 年多的实施，取得了非常好的效果，在项目区县的企业和农户中受到热烈的欢迎，项目乡镇的农村特色产业呈现百花齐放的景象。截至 2021 年年底，该项目已实施商业计划 256 份，涉及种植业、畜牧养殖业和加工业等 50 多种农产品的生产，完成项目总投资 7.32 亿元人民币，其中申请国际农发基金贷款 5600 多万美元，覆盖 10 万多受益人口。

2. 带贫与扶弱效果明显

按照小农户、特殊群体优先参与项目的原则，每个商业计划平均带动约 200 个小农户和特殊群体。根据项目的中期调查报告，该项目的实施已使 34 441 户共 91 267 人直接受益，占项目设计目标受益人口数 67 912 人的 134%。现有受益人口中的 49.6% 是女性，68% 是以前在册贫困人口，20.3% 是从事农业的年轻人。

真实故事

故事 1

汉中市南郑区黄官镇庙坝村的李玉香以前常年在外务工，2021 年回乡期间听说村里组织村民参加国际农发基金项目的滑子菇种植产业，项目由陕西同心创发农业发展有限公司为农户提供新研发的滑子菇液体包，并提供种植技术、病害防控知识等方面的培训，还在农户种植期间提供技术支持，最后由公司按照市场价格进行订单回收。她第一次领取2000个菌棒，自己只支付其10%的购置费用（约800元），其余费用由国际农发基金的项目资金支付。经过3个月的种植，她共收获1200千克滑子菇，企业订单回收后获利约9000元。她在接受采访时高兴地说："刚回来时，我对这种模式不了解，不知道行不行，只是想先试一试。后来，在同心创发公司技术人员的指导下，我越种越有信心，以后就跟着公司种植滑子菇。非常感谢同心创发公司对我们的支持，感谢国际农发基金对我们的帮助。"

▲ 南郑区黄官镇庙坝村村民李玉香在采摘滑子菇

故事 2

汉中市南郑区黄官镇观音沟村的刘自玉参与南郑区黄官镇绿色园家庭农场开展的国际农发基金中华蜂订单养殖项目，2021 年领取 10 箱蜂，当年收获 50 多千克蜂蜜，收入 1.3 万多元。

▲ 南郑区黄官镇观音沟村村民刘自玉展示收获的蜂蜜

经验与启示

（1）建立企业和农户之间紧密的产业融合机制，将广大小农户融入农业价值链，是实现乡村振兴和产业发展的基础。农村产业要实现可持续的发展，必须建立企业和农户都能公平、持久获益的价值链。将广大小农户融入价值链，这样不仅可以吸引年轻人回乡创业，活跃农村经济，而且能帮助企业更好地解决用工问题，是实现乡村振兴、建立美好乡村的基础。

（2）以市场化方式扶持农村产业是激发农村产业活力的重要途径。对企业来说，产业发展的好坏直接关系企业自身的生存和发展，因此实施项目的积极性高、管理精细、专业能力强是激发农村产业发展活力的要素。农村产业发展项目应该坚持以市场化为导向，项目资金应该将扶持企业（特别是民营企业）的发展作为主要方向，才能实现农村产业的蓬勃发展。

（3）建立完善的机制是保证产业模式健康发展的关键。陕西农村特色产业发展项目的实践表明，通过建立规范、公平、公开的商业计划书评审、监督、检查和验收机制，为农村产业项目资金的市场化运营打下良好的基础，是项目得以成功实施的保证。在陕西省、县财政部门的支持下，该项目制定竞争选择、订单优先和赠款基础的3项共识和连接贫困、平等公正及经济可行的3个原则，为项目顺利实施提供机制保障。

以公益项目拓展企业与社区的伙伴关系

——国家电网巴西 CPFL 公司新能源风场扶贫案例

案例类型：基础设施建设

关键词：风电场，公益项目，企业社会责任

提交机构：国家电网有限公司巴西 CPFL 公司

摘　要

自 2017 年接管巴西 CPFL 公司以来，国家电网有限公司（以下简称“国家电网”）高度重视业务发展与社会责任履行，在做好新能源项目开发建设与运营的同时，对照联合国可持续发展目标，在项目沿线社区开展“思源”扶贫系列项目，助力当地民生改善，服务经济社会发展，取得显著成效，彰显国家电网的品牌形象。

背　景

巴西联邦共和国（以下简称“巴西”）的东北部包括 9 个州，其总面积 155.82 万平方千米，占全国国土面积的 18.26%，总人口约为 5676 万人。由于历史、地理、社会、经济等方面的原因，巴西人口和主要经济活动集中于沿海地区，尤其是东南沿海地区。而东北部地区由于常年气候干旱，基础设施建设相对落后，经济发展程度较低，居民生活面临诸多挑

战。巴西东北部虽然属于欠发达地区，但是拥有丰富的可再生能源、资源，经济发展潜力巨大。

巴西的圣保罗电力电灯公司（以下简称“CPFL 公司”）成立于 1912 年，是巴西最大的上市私营电力企业之一。CPFL 公司下属的新能源公司是巴西第一大新能源发电公司，总运行装机容量为 210 万千瓦，其中风电为 131 万千瓦。国家电网接管 CPFL 公司以来，利用税收优惠、环境保护、沟通交流等多种渠道，积极参与社会公益活动，造福当地民众。

国家电网巴西 CPFL 公司（以下简称“国网巴西 CPFL 公司”）通过下设文化中心，打造 CPFL 在医院、青少年成长、中国文化月、电影下乡村和哲学咖啡角等 5 个重点项目，实现品牌价值的提升和公共关系的维护；大力实施节能基金项目，为公共非营利机构和低收入居民用户免费和为工商业用户以无息贷款的方式更换低能耗电器、安装光伏发电设备、降低电费账单，并开展节能校园行，进入校园为师生宣讲合理、安全的用电知识。

2021 年，“CPFL 在医院”项目入选联合国可持续发展优秀案例，国网巴西 CPFL 公司受邀参加第 26 届联合国气候大会，并在相关会议中进行案例分享。作为巴西出色的清洁能源企业，国网巴西 CPFL 公司凭借良好的社会形象，显著提升国家电网品牌形象的全球影响力。

项目实施

1. 塞阿拉州“思源”项目

在距塞阿拉州首府福塔莱萨 200 多千米的伊塔雷马市郊，建有 CPFL 新能源公司的香石风场。香石风场所在区域是塞阿拉州的永久保护区，其开发受到当地监管部门的严格控制。为了尽可能不影响当地居民的生活，国网巴西 CPFL 公司额外修建 10 多千米通往风场的道路，绕开当地居民区，最大程度地保护当地的自然环境和人文环境。风场一期、二期工程沿海岸线共安装风机组 23 台，为当地居民提供能源保障，创造直接和间接工作岗位 1200 个。

国网巴西 CPFL 公司通过“思源”项目在塞阿拉州累计投资超过 300 万巴西雷亚尔，重点帮助当地民众提高生产力水平、节约水资源以保护下一代，累计受益居民超过 4000 人。香石风场旁边的一个社区建有“木薯粉之家”。国网巴西 CPFL 公司通过“思源”项目与当地民众共同商议，为小微企业提供帮助，包括安装灌溉系统、提供蔬菜种植培训等。“木薯粉之家”的负责人马西利奥表示，国网巴西 CPFL 公司为其提供技术、卫生和管理培训，并赠送自动化设备，他们现在生产的木薯粉更白、更纯，味道也更美味。当地的一位家庭主妇安娜参加项目开设的烹饪课程后开了自己的餐馆，她的拿手点心就是木薯饼和玉米蛋糕，被赞为香石地区最香的点心。

此外，考虑到当地印第安孕妇的生产习惯不同，“思源”项目专门帮助印第安人建起妇产医院——伊塔雷马综合医院。2019 年 1 月，当地印第安居民阿娜利亚就在这家医院顺利生产。她满怀感激地向大家分享，医院有专门为新生儿准备的光照仪，医护人员还教会自己正确的母乳喂养方式，自己和孩子得到非常周到的照顾。

2. 北大河州“思源”项目

净水项目。针对巴西东北部干旱雨少且地下水咸涩不宜饮用的问题，国网巴西 CPFL 公司投入 350 万巴西雷亚尔在风场项目附近的社区修建淡水装置，为社区群众提供过滤技能培训，并维修当地21个大型储水池以保证雨季储水，满足当地2个市镇9个社区807个家庭4000多人日常健康饮水及农业生产灌溉的基本需要。

关爱下一代项目。开展面向新生儿的分娩援助及卫生培训宣传等健康项目，面向青少年的反暴力系列培训及宣传活动，面向青年及适龄成年人的计算机培训等技能提升项目等系列活动。项目累计投入167万巴西雷亚尔，4个市镇约5700人直接参与其中并受益，更重要的是留下许多无形的财富。

产业链帮扶项目。国网巴西CPFL公司累计投入95万巴西雷亚尔，在北大河州7个城镇扶持蜂蜜生产及加工业，为8个生产组织提供包括改进生产流程、技能培训、产品质量评估、创建产品品牌、产品包装标准化等全流程技术支持，提高蜂蜜产量和质量，并积极协助开拓市场，寻找销售渠道，带动160个养蜂个体户的蜂蜜产量增长104%，收入增长110%；蛋糕甜品生产线项目主要聚焦妇女，通过建立社区厨房加强蛋糕的生产链，组织妇女在市内进行食品生产（蛋糕和糖果）的技术培训，组织生产活动，带动妇女就业；塑料回收利用项目则主要聚焦残疾人关怀，与当地的残疾人扶持协会合作助力开展PET塑料瓶回收再利用产业，给残疾人提供就业的机会，从塑料瓶的收集到加工再到销售的产业链全覆盖，增强他们的社会认同感，实现其社会价值。

▲ 国网巴西 CPFL 公司在当地社区开展蜂蜜产业帮扶

3. 加美莱拉风电场“思源”项目

国网巴西 CPFL 公司于 2018 年 8 月中标的加美莱拉风电场项目总装机容量 81.65 兆瓦，包括风电机组 23 台，年均利用小时数 4399 小时，保证出力 41 兆瓦。该项目每年可为巴西当地稳定供应清洁电力约 3.6 亿千瓦时，相当于节约标准煤 12.96 万吨，减少二氧化碳排放 35.89 万吨，有效助推巴西能源清洁低碳转型，有力服务巴西经济社会发展。

除此之外，国网巴西 CPFL 公司现场团队在日常的生活中始终心系社区，以不同的形式拉近与社区居民的距离，送去温暖，体现企业的社会责任。2020 年 10 月 12 日，在巴西的儿童节当天，公司现场团队走进社区为 500 多名儿童送去甜品果篮；在“粉红丝带月”，公司现场团队在遵守当地防疫规定的前提下，在 4 个社区组织女性健康主题讲堂，宣传乳腺癌防治等相关的知识，约有 80 名家庭主妇参加活动，获得良好的反响。

成　效

1. 社区居民生活得到显著改善

国网巴西 CPFL 公司通过建设风场，不仅提升当地供电可靠性的水平，而且为客户提供高质量服务，进一步改善当地的营商环境，服务当地经济发展。同时，在建设过程中通过一系列形式丰富的社会公益项目改善当地居民的生活水平。新生儿可以得到更好的呵护，青少年从小远离暴力，年轻人通过培训可在当地实现就业，妇女和残疾人也可以更好地融入社会实现自身价值。居民基本生活需求得到满足，实际收入增加，自我认同感增强，幸福指数得到提高。

2. 公司品牌形象得到明显提升

“思源”项目的实施拉近企业和社区的距离，既有利于保障风场项目顺利建设，又提升公司的品牌形象，是践行联合国可持续发展目标（无贫穷、优质教育、减少不平等）的完美体现。“思源”项目的成功给国网巴西 CPFL 公司后续的社会责任项目留下宝贵的财富。2019 年，在国家电网的大力支持下，国网巴西 CPFL 公司编制 5 年可持续发展规划，并面向社会公布 15 项公共承诺，履行社会责任造福社区就是其中一项。通过系列品牌公益项目的实施，巴西人民真切感受到国家电网的社会责任担当，国家电网品牌形象得到明显提升，先后获得多个社会责任奖项，主流媒体和机构对此广泛报道，从而真正将公司的社会贡献度转化为美誉度。

真实故事

在加美莱拉风电场"思源"项目建设过程中，国网巴西 CPFL 公司项目团队深入走访社区，了解居民的诉求。在交谈过程中，了解到当地妇女基本赋闲在家，渴望就业。国网巴西 CPFL 公司与当地教育机构合作，累计投入 13 万巴西雷亚尔，为 6 个社区的群众提供包括蛋糕甜品制作、缝纫裁剪课程等培训，吸引近 400 人参与。

29 岁的家庭主妇米歇尔就是其中一员。她表示，通过参与培训课程，她不仅掌握一门生活技能，并能凭借它工作赚钱，在未来给家庭增加一些收入，更重要的是这次培训经历让自己挖掘了学习的潜力，以后也有勇气尝试新事物，小小的缝纫机承载了她大大的幸福。

2020 年新冠疫情暴发后，当地市场的口罩价格上涨，许多人都没钱购买口罩。项目团队结合之前已经开展的缝纫裁剪培训，额外购买布料提供给社区组织。利用这些布料，社区制作近 2000 只口罩和 400 个环保袋，并全部捐给当地民众。

▲ 当地妇女参加国网巴西 CPFL 公司开展的缝纫裁剪课程培训

经验与启示

国网巴西 CPFL 公司在巴西东北部参与新能源项目开发建设，一方面确保清洁能源安全稳定供应，推动当地经济社会高质量、可持续发展；另一方面主动融入当地，深入项目周边贫困社区，因地制宜，有针对性地为贫困社区居民提供帮助，既帮助他们走上脱贫致富道路，又在巴西推广脱贫攻坚的中国智慧、中国方案。国网巴西 CPFL 公司用实际行动谱写了中巴友谊新篇章，得到巴西社会和民众的一致认可与高度赞誉，为服务“一带一路”建设持续贡献力量。

创新“三社”融合，壮大农村集体经济

——四川省通江县产业发展案例

案例类型：产业减贫

关键词：“三社”融合，村集体经济，特色产业发展

提交机构：巴中市乡村振兴局，通江县乡村振兴局

摘 要

四川省通江县自2020年年初积极组织基层供销社与农村集体经济组织、农民专业合作社在组织、经营、服务上合作，在县域内8个村开展“三社”融合试点工作。建立“党建引领、供销牵头、部门联动、村级主抓、市场运作、农户参与”的“六位一体”工作机制，试点探索经营创收利润按照10%集体经济优先分红、10%滚动发展预留、30%管理团队奖补、50%股份合作的“1135”分红模式，大力推动“三社”[供销公司（基层社）+村集体股份合作社+农民专业合作社（家庭农场）]优势互补、融合发展。通过以资金入股供销公司的股份合作、共建产业基地的产业合作、农资经营等业务合作的融合模式，按照固定回报、经营服务分红方式为村集体经济、专业合作社、供销社实现多方利益共享，带动试点地发展蓝莓、银耳、茶叶产业，实现村级集体经济稳定收益，不断增强村级造血功能，为巩固脱贫成果、促进农民增收奠定坚实基础。

背　景

从 1978 年开始，全国实行家庭联产承包责任制，经过几十年的发展，大多数农户富裕起来。由于既无资源又无主导产业，所以大部分村的集体经济变得一穷二白，大多数村也没有村集体主导的产业，即使有，也存在层次低、市场竞争力弱等问题。

通江县地处秦巴山区脱贫攻坚核心区，村级集体经济普遍薄弱，负债村占比较高，大多数农村基层党组织没有多余的资金发展村级公益事业，这与其核心引领地位不相适应。另外，干群发展意识不强、思路不清，村集体经济来源单一，资产管理不规范都是制约农村集体经济发展的主要因素。

项目实施

1.“三个坚持”系统谋划抓试点

坚持高位推进。成立由县委分管领导为组长的“三社”融合发展改革领导小组，建立以县农业农村局为牵头单位、县供销社为责任主体、职能部门为监督主体、相关乡镇为实施主体的工作机制，出台《通江县开展“三社”融合促进农村集体经济发展壮大试点的实施方案》，确定 7 个镇 8 个村作为试点，确保试点工作有力推进。坚持责任到人。由县供销社牵头，制定《关于建立股份经济供销合作社促进“三社”融合发展试点的指导意见》，对试点镇、村“一对一”跟踪指导，落实“五个一”责任人（县社一名联系领导，乡镇一名责任领导、一名联系干部、一名帮扶人、一名具体责任人），细化“六大工作目标”（强化基层党建、特色产业支撑、农资下行服务、农产品上行服务、农业社会化服务、优化乡村治理体系），确保试点工作顺利推进。坚持政策配套。争取省供销社综合改革发展资金100万元和财政涉农整合项目资金、东西协作项目资金等1200余万元，用于“三社”开展村级供销阵地建设、产业基地壮大、服务领域拓展、园区管护增效、股份合作经营等；主动对接农业农村等部门，对村级惠民涉农项目在同等条件下优先由“三社”组织承接。

2.“三个完善”规范运行抓落实

完善三方联动机制。建立“基层供销社＋村集体股份合作社＋农民专业合作社”的组织架构，依托乡镇供销社、村“两委”建“三社”办公阵地，吸纳农民专业合作社、涉农公司、家庭农场等经营主体入社，支持村“两委”干部兼任村级供销社（公司）负责人或监事长，成立供销惠农服务公司6家、农民专业合作社1个，服务带动村级集体经济组织8家、农民专业合作社10家、涉农企业5家。完善运营管理机制。在试点村落实“三个一”（一个社属企业、一个乡镇供销社、一个惠农服务公司）结对共建机制，明确“六位一体”工作机制，探索形成“1135”利益分配机制，建立健全“三社”组织、经营、服务融合管理机制。完善资源整合机制。充分利用政策、资源、资金要素保障，切实发挥供销职能作用，与村集体、农民专业合作社开展资本合作、业务合作、品牌联营，广泛吸纳产业大户、致富带头人、经济发展能人、农技人员等各类人才，做实技术指导、产品收购、品牌保护、产品营销服务，推动产、供、销一体化发展。

3.“三个聚焦”优化服务抓效益

聚焦特色产业出实效。依托蓝之美、翰林茶业、巴蜀白茶等社属企业、农民专业合作社和基层供销社，在基地建设、技术指导服务、产品保底收购、产品加工、电商营销等方面开展全方位合作，探索形成以资金入股的股份合作、共建产业基地的产业合作、参与农资经营的业务合作等融合模式，引导村集体经济、专业合作社、供销社、农户四方互惠共赢。聚焦延伸服务抓业绩。以供销惠农综合服务公司为载体，村集体和农民专业合作社入股，共同打造基层供销为农服务平台，购置旋耕机、植保无人机等农机设备，组建5支服务队伍、1支蓝莓技术队伍、1个银耳专家团队等农业社会化服务团队，开展实用技术培训16场813人次，服务面积8000亩、惠及群众3000余人。聚焦助农增收显成效。村集体通过自建基地、土地入股、管护承包、劳务承包等方式，农户通过土地流转、签约劳务、入股分红等方式实现多渠道增收，使供销助农惠农成效更为凸显，助推35个村集体经济年增收300余万元，带动2000余名贫困群众人均年增收800元以上。两年多的“三社”融合探索实践，经营模式从单一经营主体向多元股份联合合作转变，角色上从“自主经营”向“多方纳才能人带领”转变，通过多方联合合作解决服务群众“最后一公里问题”、提升产业发展质效，经营管理能力和为农服务水平得到增强；村级集体组织在助推产业发展上由缺乏抓手到土地流转、用工组织方面发挥作用转向，角色上由说教型向服务型转变，通过参资入股、参与经营、村集体二次分红，工作能力强的村干部通过参与经营获得工资之外的奖补，解决村集体经济没有固定资产就无来源的问题，村级集体经济收入持续增加；专业合作社等新型经营主体由用工组织、生产、销售多元兼顾向专注产业建设本身转变，聚焦生产管理技术实现提质增效，“方向三转、角色三变、实力三增”的目标基本实现。

真实故事

通江县杨柏镇太平场村是“三合一”建制调整改革村，距通江县城27千米，辖7个村民小组1104户3562人，以蓝莓为主导产业，依托通江蓝之美生态农业有限公司发展种植蓝莓近2000亩，通过村集体经济组织种植蓝莓20亩、青花椒80亩，村集体产业发展资金入股通江蓝之美生态农业有限公司、入股鑫源养殖场、出租红白理事堂场地，2021年集体经济收入达15万元。周边农户通过土地流转、签约劳务、产业分红等方式户均增收2000元以上。

经验与启示

1. 融合试点必须以推进特色产业发展为基础

通过“三社”融合试点，在8个村新建、扩建蓝莓、茶叶、银耳等产业基地，扩大生产规模，增强村集体经济实力和专业合作社的带动力。试点工作推进中既有资金合作，又有主导产业合作，融合成效明显优于其他非试点村。因此，“三社”融合必须立足于当地产业优势，融入产前、产中、产后的全产业链，开展基地建设、技术指导服务、产品保底收购、冷链物流、产品加工、电商营销的全面融合合作。

2. 融合试点必须以实施农业社会化服务为支撑

在“三社”融合试点工作中，通江县中岭村、胜利村、临江村、紫荆村村集体和专业合作社入股供销惠农综合服务公司（村级供销社），共同打造供销为农服务中心，组建以服务“农技、农机、农资、农事、农防”为主的5支队伍，为家庭农场、专业合作社、农户提供农资配送、农技指导、农机耕作、统防统治、测土配方等农业社会化服务。

3. 融合试点必须以壮大村集体经济为目标

在8个试点村实行“1135”分红机制，除专业合作社、供销公司增加经济效益外，8个村集体经济都实现分红，最高达1.9万元、最低1862元，累计达到50 162元。通过给村集体优先分红，实现“三社”融合发展依靠基层、成果与基层共享，也很好地履行社会责任。通过对管理团队奖补，有效激发参与者的主动性、积极性与创造性。

4. 融合试点必须以村社共建为保障

在试点村全面推行“党建带社建，村社共建”工作，坚持党建引领，让政治过硬、业务能力强、带动能力强的村“两委”干部兼任村级供销社（公司）负责人或监事长（或出纳），强化基层党建，充分发挥农村基层党组织的战斗堡垒作用。同时，深化股份合作，吸纳产业大户、致富带头人、经济发展能人、农业科技人员等各类人才入社，与乡镇供销社、供销直属企业以资金、技术和品牌等入股供销综合惠农服务公司，形成利益关联体，搭建农村综合服务平台。

绿色减贫（资源与环境）

以社区为基础的森林资源管理

——亚洲开发银行支持的菲律宾自然资源与环境综合管理项目

案例类型：生态扶贫

关键词：流域管理，森林资源管理，土著人民组织

提交机构：亚洲开发银行

摘　要

2012年12月，亚洲开发银行（以下简称“亚行”）批准1.239亿美元贷款和赠款，以解决菲律宾共和国（以下简称“菲律宾”）总覆盖面积达1 146 073公顷的上奇科河流域、瓦希格伊纳班加河流域、上布基农河流域和拉瑙湖流域等24个流域的不可持续管理问题。2018年7月，因为部分贷款和赠款取消被批准，所以贷款和赠款金额减少到7095万美元。

菲律宾自然资源与环境综合管理项目投资以社区为基础的森林资源管理，并向原住民和资源匮乏的社区提供替代性生计支持。该项目加强24个流域管理委员会，编制和更新24个流域管理计划，增强420个人民组织和土著人民组织（人民或家庭）的能力，恢复44 059公顷林区，将74 602公顷林区置于社区保护和监测之下，为133 147户提供292种小型生计支持，并恢复小型农村基础设施，如农村道路120千米、人行道1千米、社区灌溉系统覆盖的164公顷土地和7个供水设施，

这些小型农村基础设施改善了人民的生计，促进高地农民参与可持续性自然资源管理。

背 景

上游流域中遭受流域完整性丧失的关键流域数量从1995年的85个增加到2007年的149个，面积也相应从330万公顷增加到389万公顷。据估计，上游流域占该国土地总面积的45%，每4个菲律宾人中就有一个住在这里。上游流域（上奇科河流域、瓦希格—伊纳班加河流域、上布基农河流域和拉瑙湖流域）的自然资源是菲律宾能源和当地生产基础的主要来源。这些森林生态系统在经济发展中发挥着至关重要的作用，它们调节水量和水质，以维持国家灌溉系统、水力发电和家庭供水，维护和恢复生物多样性，并通过碳封存缓解气候变化。

稳步增长的人口压力、边缘人群和原住民的流离失所，以及资源保护法律和实践机制的不足，皆导致林地向边缘高地耕地化转变。在4个上游流域中，目前每年因水土流失而造成的生产力损失为4900万美元，约占全国总量的25%。生产的季节性、种植强度低及多样性的缺乏，导致穷人的高失业率（2010年10月约为7.1%）和就业不足（2010年7月约为18.5%）。砍伐森林也使许多贫困社区更容易受到台风、山洪和滑坡等自然灾害的影响。

拉瑙湖流域和上布基农河流域的河流和湖泊系统的淤积造成电力输出的损失估计超过50%，菲律宾国家电力公司的收入损失每年约为6600万美元。珊瑚礁的淤积和红树林的破坏也减少了手工捕鱼，而手工捕鱼是沿海贫困社区收入和蛋白质的主要来源。流域的退化和过度开发是导致贫困加剧、资源和服务获取不公平及高地居民丧失生计的主要因素。该项目所在地的贫困发生率（2009 年）从奇科的 35.8% 到瓦希格—伊纳班加的 48.3%，远远高于 2009 年菲律宾 26.5% 的贫困发生率。土著人民群体和其他少数民族约占河流流域上游人口的 74%。

项目实施

亚行的贷款和赠款被用来制订流域治理和投资计划，增加小农户和机构在林业、农业和农村部门的保护、上游流域生产力提升方面的投资，加强流域治理能力建设，以及提供项目管理和支持服务。该项目总预算为 9826 万美元，由银行贷款、国际农业发展基金贷款、全球环境基金赠款、环境和自然资源部及受益人提供资金。

该项目协助编制、更新投资和管理计划（河流流域综合管理和发展总体规划被更新为投资计划和编制内陆河流域管理计划的基础），这些计划被地方政府单位采纳为其常规发展计划的一部分。鉴于现有的土地使用权安排，该项目对土地进行评估，从而采取适当的土地管理。这些计划是通过参与式方法编制的，确定要实施的子项目和优先次序。建立用于绩效监测的地理信息系统（GIS）数据库。

在林业方面，有 420 个人民组织和土著人民组织参与重新造林、协助自然再生、保护性耕作、农林业、商业果树和社区森林保护管理。每项合作协议的签订平均为期 3 年，包括从苗木生产到至少 1 年的维护。作为替代方案，并为激励保护森林，通过以下方式提供替代生计支持：一是服务设施；二是生计设备，如磨粉机、烘干机、储藏室或仓库；三是营运资金；四是小型农村基础设施，如用于进入市场的道路和人行道、增加产量的三级公共灌溉系统、交易中心和饮用水系统。这些小型农村基础设施旨在改善社区获得更便宜、更安全的公路运输和清洁水的机会。这也有助于妇女（孕妇）获得保健服务。

该项目为社区和政府工作人员提供自然资源管理、农业发展（包括营销）、商业和生计发展及森林可持续性方面的能力建设，还提供培训以增强体制能力，如簿记、采购、监测和报告。

该项目直接与世界农林中心合作，除了协助制定生态系统付费的框架外，还协助社区投资于可持续的微型、小型、中型森林和农业企业。这些企业随后将成为各地方政府地区农村经济的引擎。

成　效

除了剩余的 5 个农村公路基础设施和 2 个共享服务设施外，该项目在 8 年里实施所有计划的干预措施。加强 24 个流域管理委员会；编制和更新 24 个流域管理计划，面积达 1 146 073 公顷；增强 420 个人民组织和土著人民组织的能力；恢复 44 059 公顷林区；将 74 602 公顷林区置于社区保护和监测下；为 133 147 户提供 292 种小型生计支持，以及恢复小型农村基础设施，如修建 120 千米的农村公路、1 千米的人行道、164 公顷的公共灌溉系统和 7 个供水设施。

新冠疫情导致定量数据收集、数据比较都很困难，政府的项目完成报告仍在编制中。

为合作伙伴的农林或保护性耕作（2015—2018 年主要是高价值作物和经济作物、季节性或永久性作物）所产生的产品的初步收获提供支持，作为（可持续的）原材料来经营他们的生计改善支持和设施服务（剥皮机、食品加工设施等），还与私营部门建立一些伙伴关系。

在 292 项生计支持活动中，有 174 项能够在第一年（2020—2021 年）运作，并获得 170 万菲律宾比索的净收入，约有 9772 人受益。其他生计支持活动刚完成，会在政府完成报告或亚行项目完成报告中进行监测。

随着农村公路的修复，农产品或产品从该地区运往当地市场的运输成本降低，产品运往附近市场的时间缩短，产品的质量得到保证。一些人民组织或土著人民组织成员能够支持其子女的教育需求，为其家庭成员提供生计等。

就环境问题而言，一方面通过重新造林和辅助自然再生子项目（用于保护）、农林业、保护性耕作和商业性植树造林子项目（用于生产）的干预，一些以前没有植被的地区得到发展。另一方面以社区为基础的森林保护管理(用于保护和监测）在保护林地和（或）林地方面做出巨大贡献，采用监测方法，如由参与组织或土著组织实施的 LAWIN 系统，特别是上奇科河流域和上布基农河流域。最初，在森林树种存活率高的地区，如紫檀、石梓和其他本地树种有助于减少温室效应，并作为碳汇，兰卡、红毛丹、马兰、榴莲和其他高价值作物等果树物种的情况也是如此。

真实故事

故事 1

桂桑农民组织公司是一个位于山区省萨加达北部的协会。该组织于 2013 年 12 月成立，有 56 名成员，2014 年 3 月 28 日在证券交易委员会注册。

该组织在自然资源与环境综合管理项目之前就已经开始生产香蕉片。这些香蕉片被卖给邻近的乡镇。为了提高产品质量，该组织成员参加项目通过不同的政府机构、推动者合作伙伴开展的各种培训。

该组织了解到，为了保持客户对产品的兴趣需要创新。因此，他们推出4种新口味——甜味、姜味、洋葱味和辣椒味。这是在他们生产的经典香蕉片口味之外的。此外，该组织通过包装和标签推动产品的发展。在贸易与工业部的帮助下，他们进行新的包装设计。这种在口味和包装上的双重创新引起市场的注意及兴趣。这将带来更高的需求、销售和利润，同时也要雇用更多人员成为香蕉片加工者，以满足日益增长的产品需求。业务开展顺利，销售工作和利润都达到目标。

但是，随着新冠疫情的发生及其导致的封锁和旅行禁令，该组织的销售额急剧下降，给生产经营带来损失，导致其停止业务运作。未被消耗和未加工的香蕉产品被白白地浪费。该组织及其成员几个月没有任何收入。

虽然新冠疫情对该组织造成毁灭性的打击，但其对成员和业务并没有失去信心。员工们坚持参加由项目和其合作伙伴提供的培训。这些培训拓宽了员工们的视野，使其重新开始商业运作，并在这一时期更可持续。他们开始用香蕉生产食醋，同时重新开始香蕉片的生产，最初数量较少。其他成员开始生产蔬菜，如胡萝卜、南瓜等，但由于新冠疫情的封锁和旅行禁令，他们在销售方面遇到困难，当时产品的价格非常低。

故事2

帕特—萨格萨格农林协会是2018年获得许可执行机构的15个组织之一，是纪律、卓越、崇高和责任自然资源与环境综合管理项目实施治理与自然资源管理子项目的合作伙伴。他们在2017年共获得109.5公顷的治理与自然资源管理。

农业是人民组织成员和受益人及加林加省匹努普克

社区的主要收入来源之一。他们的农场位于匹努普克的巴朗盖塔加，其中包括20公顷的水稻生产、每公顷生产60～70袋棕榈果。

在这个社区，去除米壳和米糠的传统方法（用木杵或石杵）被用于对棕榈果进行手工捣碎。他们需要2～3天时间，每天捣碎1袋棕榈果的时间为1小时。他们的大米以每千克40～50菲律宾比索的价格出售。这个过程耗费她们大量的时间，大多数春米的妇女在白天疲于奔命。虽然有碾米设施，但这些设施在其他乡镇，她们要花很多钱把一袋袋棕榈果拉到碾米厂并支付碾米费用。

自然资源与环境综合管理项目为该组织提供价值42万菲律宾比索的科诺碾米厂及其储存设施，减轻该组织妇女成员大米加工工作。科诺碾米厂的服务也扩展到社区成员和邻近的镇区，而不仅限于该组织成员。碾米机的副产品米壳可以作为肥料和地膜使用。

该组织为科诺碾米厂制订一个运作时间表，将在每周三和周六运作两次，从下午2点开始。如果得到更多顾客的支持，科诺碾米厂设施的运营天数可能会增加。他们对每一罐需要碾磨的棕榈果收取50菲律宾比索的服务费。这笔费用的30%被交给经营者，剩余70%被用于组织的维护和储蓄。该组织通过在规定时间内向参与组织成员提供最新信息，增加其许可执行机构子项目运作的透明度。

科诺碾米厂改变了参与组织成员和社区的生活，因为妇女现在有更多的时间为家庭服务，特别是做家务，空闲时也能帮助她们的丈夫在田间工作。

经验与启示

（1）在自然资源管理和经济及生计发展方面，必须让参与方或民间组织参与并赋予其权力，其中包括基本的生产、商业和营销技能。

（2）一个项目不仅要支持自然资源管理，而且要支持经济和生计发展，以实现可持续的自然资源管理、生计改善和减贫。

（3）通过网络营销可以改善农村社区的市场准入。

（4）随着以资源为基础的生计主体、农林业和种植业的引入，参与组织或土著人组织更好的理解原材料来源的价值，而不是其环境效益。因此，参与组织或土著人组织应鼓励将其农林业或树木种植园作为经济中心培育。

（5）他们在经营生计的过程中对社会资本进行投资，同时进行能力建设和指导，以便在灾难发生时具有抗灾能力。

（6）子项目的实施（如自然资源管理、生计改善支持和小规模农村基础设施）可以根据批准的社区管理计划和其他项目相关计划全面执行。因此，这些计划应该在子项目实际执行前先制订。以保护和养护为目的的治理与自然资源管理干预可以通过参与组织的倡议或努力（而不是通过个别索赔者）获得更大的成功，而以生产为目的的治理与自然资源管理干预可以在合作组织或国际组织的支持下单独完成。

（7）在国际农林研究理事会的协助下建立学习基地或示范点是一个非常有效的工具和方法，可以鼓励或激励农民受益者甚至非受益者采用在那里引进和展示的任何新的农业技术或系统。

（8）这些项目活动是政府方面的资源密集型活动，因此需要强大的机构能力和对合格的工作人员进行投资。

（9）由于项目地区位于上层土地，大多数受益人来自原住民群体。如果国家土著人民委员会在项目筹备初期就参与进来，那么将有助于项目的启动，以确保在政策的运用上不存在误解。

农村电气化与沼气开发

——亚洲开发银行支持的不丹农村可再生能源发展项目

案例类型：生态扶贫

关键词：农村电气化，沼气开发，可持续性

提交机构：亚洲开发银行

摘　要

不丹王国（以下简称“不丹”）地形多山、缺少道路且人口密度低，这导致向农村地区供应清洁能源的成本高、难度大。为了解决这一问题，不丹农村可再生能源发展项目实施了农村电气化和沼气开发的综合方案，重点是建立可持续的运行和财务框架。这一综合方案旨在提高农村创收、便利农村生活、改善卫生条件，以及通过清洁能源供应实现可负担得起的能源定价。清洁能源供应的形式包括水力并网发电、太阳能家用系统离网发电及将沼气作为燃料做饭。牛粪可以产生沼气，沼气可以回收成为有机肥料，进一步增加收入。该项目对沼气利用的支持还包括提高农村投资者的相关意识、提升沼气工匠在整个价值链中的技能。当地培训和雇用的乡村技术人员确保离网发电系统的可持续运行。电价机制确保农村电气化的财务可持续性，小额信贷和补贴计划提高沼气投资的可行性。该项目取得的成果超过预期目标，2020 年发布的完成报告将该项目评价为“成功”。

背 景

为了扶贫，不丹政府提出为所有农村家庭通电的目标。自 1995 年以来，亚洲开发银行（以下简称“亚行”）通过连续 5 个贷款和赠款项目支持不丹扩大农村电气化。2010 年，农村电气化的最后阶段被亚行批准为农村可再生能源发展项目。该项目旨在提高农村创收、便利农村生活、改善卫生条件，以及通过清洁能源供应实现可负担得起的能源定价。清洁能源供应的形式包括水力并网发电、太阳能家用系统离网发电及用沼气做饭。牛粪可以产生沼气，沼气可以回收成为有机肥料，用于后续的创收活动。

在项目评估时，不丹已经实现 60% 家庭的农村电气化。到 2012 年，在亚行和日本国际协力机构支持的两个正在进行的项目完成后，这一数字达到 84%。但是，仍有约 8500 户家庭需要通过电网扩建来供应水电站的电力，才能进一步实现电气化。这些家庭分散在不丹各地的偏远地区，其中大多数在中部和东部地区，远离西部地区的商业和工业中心。为了实现人人用电的总体目标，需要在离网的基础上新增 1896 户家庭通电，并让 2500 户现有家庭恢复用电。由于农村社区面积大、密度低，而且地形多山，对不丹来说，延长配电线路向偏远村庄供电既昂贵又困难。在那些经济上无法负担电网扩建的地方，则主要通过独立的太阳能家用系统实现离网电气化。

虽然电力可用于照明，但在不丹约有 70% 的人口居住的农村地区，薪柴仍是做饭和取暖的主要能源。虽然城市家庭大多使用现代清洁能源（如电力和液化石油气）做饭，但农村家庭严重依赖薪柴，而薪柴燃烧会排放出空气污染物，并对健康造成危害。[1] 不丹的薪柴消费量约为每年人均 1.2 吨，是世界

---

[1] 直接燃烧薪柴和秸秆会排放出大量二氧化碳和其他有毒气体。

上薪柴消费量最高的国家，是尼泊尔的2倍。亚行项目筹备技术援助进行的调查表明，大多数农村人口经常砍伐树木，来换取向政府缴纳的薪柴使用费。部分原因是薪柴使用费比其他费用更便宜，然而越来越难在附近的森林中收集足够的薪柴。这表明有必要提供可靠且清洁的烹饪燃料和技术，以改善低效的能源消耗，避免砍伐森林，并以负担得起的方式满足农村能源需求。沼气技术可以方便地将牛粪转化为清洁的可再生沼气，能够取代污染严重的薪柴，以及更昂贵的煤油和液化石油气。市场评估表明，不丹可能有1.6万户家庭可以使用沼气。[1]该项目的影响是扩展人们获得可靠且负担得起的清洁能源的途径，从而维持包容性经济增长。因此，清洁能源供应的综合方案将以可持续的方式推广到全国。特别是，该项目旨在帮助实现《2005年农村电气化总体规划》的目标，即让所有家庭100%实现农村电气化。沼气有望取代做饭用的薪柴。因此，沼气和清洁电力可以在农村家庭中相互补充，以减少主要来自煤油和薪柴的室内污染。

项目实施

1. 农村电气化

不丹电力公司是一家国有输电配电公司，负责实施并网农村电气化，而不丹经济事务部下属的可再生能源司负责实施离网农村电气化。离网农村电气化的运行和维护外包由不丹电力公司负责，而可再生能源司持有太阳能家用系统的资产，并负责新系统和备件的采购和安装。不丹电力公司计划与乡村技术人员签订合同，以支持偏远地区并网和离网农村电气化的运

[1] 不丹的沼气市场评估得到荷兰发展组织的支持，该组织已经在其他发展中国家推出沼气开发计划。

行和维护。可再生能源司以书面的形式同意补偿不丹电力公司所需的任何财政资源，以弥补该公司为此类离网服务所付出的增量成本。

在该项目实施之前，农村家庭的一些离网太阳能家用系统是通过援助赠款项目和政府项目安装的。然而，在 2006 年以前，几乎没有跟踪系统来确定所安装的太阳能家用系统的确切位置和工作状况。这使得人们很难对太阳能家用系统进行常规操作和定期维护，也很难更换电池。为了解决这些问题，可再生能源司建立一个全面的数据库系统，记录已安装的太阳能家用系统的信息，并制订一个外包运行和维护计划，该计划由不丹电力公司签约的乡村技术人员执行。为了确保运行的可持续性，这些技术人员得到不丹电力公司客户服务中心的技术支持、定期培训和监督。该公司提供的服务涵盖离网地区和偏远的并网地区，服务内容包括小型维修和维护、客户服务、计费和收款工作。从技术上讲，该项目安装的太阳能家用系统使用更持久、更高效的发光二极管灯，而不是节能荧光灯。此外，还为离网用户提供一个手机充电器插座和两个 LED 夜灯。

该项目的实施与亚行的性别主流化倡议密切协调。该倡议支持对参与农村电气化运行和维护的乡村技术员进行培训，以增加女性在农村地区的就业机会。亚行还与当地的非政府组织合作，为用电创收活动提供生计方案和培训机会，特别是为农村妇女提供机会。

在监管方面，政府实行从水电出口收入中收取能源使用费来补贴电价机制，确保农村电气化运行和财务的可持续性。不丹开发了丰富的水电资源，并通过向印度出口电力获得大量收入。这些收入的一部分可以通过该行业的价值链重新分配给国内电力用户。为了让这种利益共享变得显而易见，不丹水电站 15% 的发电量被规定为免费提供给政府的特许能源。然后，政府以折扣价格将电力形式的特许能源出售给不丹电力公司，用来提供主要针对居民消费者的电费补贴。[1]因此，水电出口收入被用于维持整个农村电气化的运行和维护。

2. 沼气开发

不丹可再生能源司与其他各方协调沼气开发项目，如农业和林业部畜牧司、不丹开发银行、荷兰发展组织。农业和林业部畜牧司作为项目实施单位，负责执行整个沼气项目，而不丹开发银行作为受援农民群体的金融中介，提供小额信贷服务。荷兰发展组织提供咨询服务，包括能力建设、培训、质量控制、管理支持和监测活动。

奶农是最初的目标群体，于是不丹农业和林业部畜牧司将拥有足够数量奶牛的奶农组织起来，为沼气厂生产牛粪，之后任何感兴趣的农民也参与其中。不丹开发银行提供的小额信贷促进融资。政府将部分亚行赠款提供给不丹开发银行，用来建立沼气基金，该基金用于两个账户，即循环信贷账户和补贴账户。为了打破沼气新发展的资金进入壁垒，补贴被用来激励农村农民的初始投资。沼气厂的全部成本由沼气用户的补贴或预付股本支付，余额通过不丹开发银行的沼气基金贷出，以促进市场驱动的发展。补贴和信贷均来自不丹开发银行的沼气基金，但信贷风险由不丹开发银行承担（信贷管理外包给不丹开发银行），因此循环信贷的本金确保可持续性。[2]

---

[1] 2010年，不丹政府批准了一个新的电价定价监管框架，明确监管机构对基于成本的电价评估要与政府通过特许能源供应实行电价补贴的决定相分离。这使消费者能够了解基于成本的电价和补贴要求；它使成本回收变得可问责，并使电价定价和补贴制度变得透明。

[2] 为了将次级借款人的利率维持在目标农民可以承受的最低10%的水平，政府没有要求任何额外的借款成本，就将赠款转给了不丹开发银行。此外，政府建立由循环信贷和补贴账户组成的沼气基金，外包给不丹开发银行的基金管理。在典型规模的沼气厂（4立方米）的总单价（2.6万努尔特鲁姆）中，45%的单价得到补贴，其余部分由受益人的股权和不丹开发银行的信贷共同支持。由于次级借款人的还款被集中在信贷账户中，继续用于后续的信贷业务，因此它被称为“循环信贷账户”。

为确保项目运营的可行性，亚行的部分资金被用来创造一个良好的商业环境。一是使农民能够接受更好的教育，对沼气厂有更多的了解；二是让农民能够获得信贷，这是成功引进认证技术的基础；三是在荷兰发展组织的支持下，通过密集和长期的培训与能力建设，让负责工厂建设的畜牧司、能源司和沼气工匠能够完全胜任工作。因此，沼气市场的建设方法有望在农村社区为沼气工匠和服务提供商（如燃气设备）创造新的营业机会。

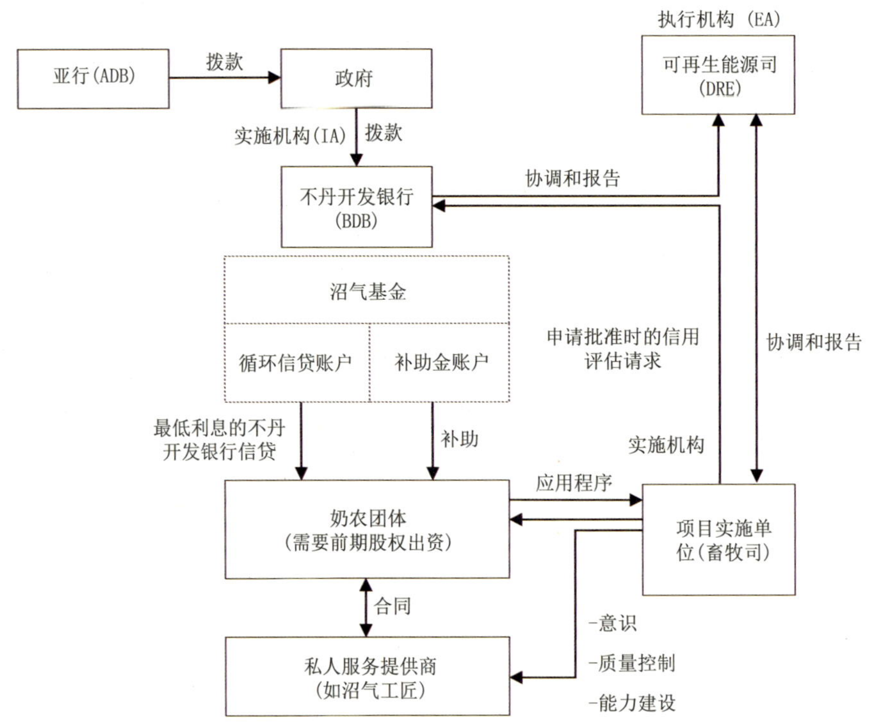

▲ 沼气资金流动和支持结构

注：资料来源于亚洲开发银行。

成　效

不丹农村可再生能源发展项目于2017年完成，亚行在2020年发布项目完成报告。在不丹，生活在国家贫困线以下的人口比例在 10 年里从 23.2%（2007 年）大幅度降至 8.2%（2017 年）。加上其他干预措施，该项目产生许多积极的社会效益和经济效益，有助于提高农村社区的生活水平，而不丹超过 90% 的贫困人口都生活在农村。该项目在项目完成报告中被评价为“成功”，取得的成果超过农村电气化和沼气开发的预期目标。

项目评估时与项目完成后的成果对比（单位：户）

项目内容	项目评估（家庭数量）	项目完成（家庭数量）
农村电气化	9471	9849
沼气开发	1600	5010

注：资料来源于亚洲开发银行。

亚行资助了 5 个农村电气化项目，这些项目共使 3.7 万多个家庭通电，占不丹农村家庭的 43%。不丹全国电力供应接近 100%。在确保投资欲望并提高沼气工匠的技术技能后，沼气设施的安装数量大幅度增加，达到之前的 3 倍以上。显然，该项目通过促进居民参与有助于减贫的社会和经济活动，帮助他们提高生活质量。清洁能源让妇女受益匪浅，不仅减少她们拾柴的时间，无污染的照明和烹饪燃料也改善她们的健康。该项目还提供农村电气化运行和维护的培训，为 153 名乡村技术员创造就业机会，其中 20% 是妇女。在沼气开发的项目中，12 687 名受益者参加提高认识的课程；281 名监督员（包括 19 名妇女）和 550 名沼气工匠（包括 3 名妇女）接受技术培训；3707 户家庭接受用电培训，其中 50% 的户主是妇女。生计职业培训方案的覆盖范围扩大，共有 269 名参与者，其中包括 159 名妇女。因此，沼气市场的建设方法有望在农村社区为沼气工匠和服务提供商创造新的营业机会。

该项目促进农村的公平发展，增加农村获取清洁可再生能源的途径。通电为贫困人口提供平等的机会，让他们能享受更高质量的生活，也促使他们参与有助于减贫的社会和经济活动。现代清洁能源能够减少收集薪柴的时间，提供无污染的照明和燃料，让人们可以使用电饭锅和其他减少室内烟雾的电器，从而使妇女和男子平等地受益。因此，清洁能源的供应不仅使人们的家务劳动变得更轻松，而且改善了他们的健康。妇女、儿童和老年人更容易患呼吸道和眼部疾病，因为这些群体比男性待在室内的时间更长。

农村电气化和沼气的开发不仅解决了当地的能源需求和国家的能源安全问题，还为贫困人口提供社会干预措施，因为该项目有助于农村地区的创收活动多样化。在电力供应充足的地方，小企业就会蓬勃发展。电动碾米机和面粉厂增加了农民的额外收入，沼气厂的副产品（无味的生物泥浆）是一种极好的有机肥料，可以提高农村农民的生产力，并在市场上被出售，因此更多的农业增值和创收活动成为沼气价值链的一环。

真实故事

故事 1

帕桑旺姆和她生病的父母住在达加纳宗的岑达加纳格窝村。她的父母都患有呼吸道疾病。她说："我很确信，他们之所以会得病，是因为多年来暴露在室内烹饪产生的烟尘中。他们都对烟过敏。"在帕桑旺姆家安装电源前，她的父母一直使用煤油灯照明，并在传统的炉灶上使用柴火做饭。"所以他们现在呼吸的是更干净的空气。"她补充道，"我们现在使用电饭煲和热水器等电器。"这让他们不必每次做饭时都去找木柴生火了。她还说，他们现在可以省下以前花在煤油上的钱，是电让他们的生活变得更加轻松。

故事 2

来自谢姆冈宗的妮玛拉姆女士说："由于虫害，我们的农业产量非常低，我的家人不能使用化学农药，因为该地区禁止使用化学农药。除此之外，有机除草剂和杀虫剂价格昂贵，而且这些东西在农业推广办公室供不应求。我参加了有机蔬菜生产和管理的培训后，学会配制生物农药、堆肥和液体肥料。我在村子里运用这些技能，还教其他村民如何保持并提高土壤肥力。这使得蔬菜产量增加了，蔬菜的品质也提高了，现在可以卖出更好的价钱。我还帮助大多数村民第一次开立银行账户。"

经验与启示

（1）项目是基于细致的总体规划。每个子项目都是以分阶段扩大规模的方式展开的。根据经济可行性评估，农村电气化分为并网和离网两种。沼气项目在特定地区进行试点，以验证商业模式是否可行，然后再扩大业务范围。

（2）项目框架涵盖全面的领域，以确保财政和运行的可持续性。确定电价机制，并以可持续的方式证明补贴的合理性，以便被指定用于某些资金来源。在运行方面，确定有能力的各方，并通过明确界定的协议将活动外包。离网农村电气化由不丹电力公司签约的当地乡村技术员实施，沼气融资由不丹开发银行的小额信贷维持。同时，该项目还与相关政府部门和有经验的非政府组织协调，来划分规划和运行任务。

（3）为了解决农村的贫困问题及其他多种问题，该项目在技术上的设计是以可负担的方式利用电力和沼气这两种清洁能源。此外，该项目支持的领域扩展到生活和商业周期的价值链上。该项目还提供手机充电器插座和LED灯，并让沼气工匠培训后持证上岗。在让农村地区获得电力和沼气的同时，该项目还实施职业培训和权益意识方案，并特别关注妇女权益。

从生态建设向生态产业转变

——河北塞罕坝林场的转型发展之路

案例类型：生态扶贫

关键词：塞罕坝，人工造林，林业经济，绿色产业

提交机构：河北省塞罕坝机械林场

摘 要

河北省塞罕坝机械林场（以下简称“塞罕坝林场”）地处河北省最北部，半个多世纪以来，几代塞罕坝人大力发扬“牢记使命、艰苦创业、绿色发展”的塞罕坝精神，在“黄沙遮天日，飞鸟无栖树”的荒漠沙地上成功营造百万亩人工林海，为京津冀地区筑起一道绿色生态屏障。在河北省林业和草原局的领导下，塞罕坝林场牢固树立“绿水青山就是金山银山”的理念，坚持依托百万亩森林资源大力发展绿色产业，通过驻村帮扶、生态旅游、苗木生产、提供就业岗位等方式助推区域经济发展，辐射带动4万多百姓受益，2.2万名贫困人口实现脱贫，走出一条生态建设与脱贫攻坚共赢的绿色发展道路。

背 景

历史上的塞罕坝水草丰美、森林茂密，被誉为“美丽的高岭”。清朝末年，这里开围放垦，森林遭到肆意砍伐，加之

山火不断，到 1949 年以后原始森林已荡然无存。1962 年，为扭转“风沙紧逼北京城”的严峻形势，国家决定在塞罕坝建立大型机械林场。建场初期，127 名大中专毕业生和当地 242 名干部、工人组成 369 人的建设大军，拉开塞罕坝林场建设的大幕。塞罕坝恶劣的气候、艰苦的环境使创业者面临着严峻挑战。一是气候恶劣。建场初期，极端最低气温为 −43.3℃，年平均气温为 −1.3℃，年均 −20℃以下的低温天气达 4 个多月。二是住处简陋。刚刚建场的塞罕坝只有少量房屋，创业者无处栖身就搭窝棚。三是粮食匮乏。没有食堂，只能在院子里支棚子、架大锅，露天吃饭；没有水井，就挑泉水、化雪水；没有副食，就吃盐水煮莜麦粒、盐水泡黄豆；缺少粮食，就吃全麸黑莜面加野菜。四是偏远闭塞。当时，从林场到围场满族蒙古族自治县（以下简称“围场县”）没有一条像样的路，主要交通工具是马车和牛车，将近 100 千米的山路要走两三天。五是教育落后。没有学校和教师，第一代创业者中的大中专毕业生的下一代错过接受良好教育的机会。六是缺医少药。建场初期，没有医院，只备一些常用的解热、镇痛药；生病了，轻的就挺着，严重的才被送到场外就医。七是缺少造林经验。

项目实施

坚持久久为功，打造绿色生态屏障。建场初期，创业者大力发扬“先治坡、后治窝，先生产、后生活”的奉献精神，到 1982 年成功在荒原沙地上造林 96 万亩，全面完成建场之初确定的造林任务。自 1983 年以来，塞罕坝林场的工作重点转变为以营林为主，营造、管护相结合，探索出一系列可持续经营管理经验，实现了青山常在、永续利用。近年来，塞罕坝林场把全场范围内土层瘠薄、岩石裸露的“硬骨头”地块作为绿化重点，总结出人抬马驮、取石客土、覆膜保墒、防寒越冬等超常规措施，使 10 万余亩石质荒山全部实现绿化，成功在浑善达克沙地南缘筑起一道绿色生态屏障。

发挥示范带动作用，倡导绿色发展理念。在塞罕坝林场成功实践的启示下，周边地区特别是张承地区厚植绿色发展理念，加快推进国土绿化，森林覆盖率分别达到 50%、60%，远超全国、全省平均值。张承地区通过实施重大生态工程建设、加大生态补偿力度、大力发展生态产业等，加大对贫困人口的支持力度；周边百姓绿色发展的信心和意识也明显增强，积极参加退耕还林、荒山造林等，打造新的经济增长点。

发展林副产品业，帮助百姓增收。塞罕坝林场利用森林资源和体量的优势，在持续实施森林质量提升工程的过程中，建成中国北方最大的林副产品贸易集散地，有效促进当地物流运输等产业发展。同时，在确保森林资源、珍稀野生动植物资源等绝对安全和森林防火、资源管护等工作万无一失的前提下，在夏季免费优先让周边百姓进入开放林采摘白蘑、鸡爪蘑等蘑菇，蕨菜、猴腿等山野菜等林下特产，增加百姓收入。

发展绿化苗木产业，带动百姓增收。塞罕坝林场建成规格梯次化、数量规模化、品种多样化、品质精良化的绿化苗木基地近 10 万亩，成功打造、打响塞罕坝绿化苗木品牌。除做好苗木管理销售外，还利用塞罕坝绿化苗木品牌的影响力，有效拉动周边地区绿化苗木产业发展。积极拓宽绿化苗木销售市场，利用专业技术优势和当地百姓苗木资源优势，为当地绿化苗木产业打开销路。

▲ 塞罕坝林场绿化苗木基地建设

打造生态旅游示范区，带动区域经济发展。通过自筹和争取国家项目投资等多种方式，打造七星湖湿地、塞罕塔、亮兵台等高品位生态旅游文化景区和塞罕坝展览馆、月亮山望海楼、尚海纪念林等红色教育场所，不断提升综合影响力。在塞罕坝林场的牵头推动下，围场县域内旅游景区成功整合，实行一票通游，进一步拓宽旅游景区范围，带动哈里哈、姜家店、御道口等周边乡镇生态旅游业发展，推动围场县文旅产业发展和“万家客栈”乡村旅游发展。

提供林业技术支持，助推周边区域生态建设。塞罕坝林场不仅为周边区域免费提供林业技术支持，还辐射到河北省丰宁满族自治县、隆化县及内蒙古自治区锡林郭勒盟、赤峰市等地，带动规模化造林面积达 445 万亩，推动三北防护林建设、再造三个塞罕坝、京津风沙源治理、京津保生态过渡带、太行山绿化攻坚行动等生态工程建设。在塞罕坝林场的技术引领下，周边百姓造林绿化的积极性空前高涨，发展经济林达到 194 万亩。

▲ 塞罕坝林场带动周边新农村换新颜

开展持续帮扶，助推周边区域群众脱贫致富。多年来，按照河北省政府及相关部门的安排部署，塞罕坝林场先后在承德市滦平县、围场县姜家店乡等多地，通过修建希望小学、发展集体经济、提供技术支持、完善基础设施开展扶贫工作，累计投入资金 450 多万元，促进农民增收，带动区域经济发展和生态建设。

开展定点帮扶，助力脱贫出列。2016 年以来，塞罕坝林场成立驻扣花营村工作组，建立扶贫数据信息平台。实行“一对一”帮扶机制，通过土地流转、积极跑办促成精品民宿和养殖小区的建设、购买基础母牛等形式不断发展壮大集体经济，带动贫困人口实现稳定增收。同时，支持发展山野珍品经济，依托丰富的自然资源，借助合作社及经济平台实现山野资源产、供、销有效对接。此外，塞罕坝林场还投入 20 万元改善帮扶村的村部办公条件；投入 17 万元开展教育扶贫；投入 40 万元完善村庄道路、文化广场、路灯安装等基础设施建设，改善村民生活条件。

成　效

1. 巨大的生态效益

塞罕坝林场的森林和湿地每年涵养水源量 2.84 亿立方米，相当于 4.7 个北京十三陵水库；年释放氧气 59.84 万吨，相当于 219 万人呼吸一年空气的氧含量；年固定二氧化碳 86.03 万吨，可抵消 86 万辆家用燃油轿车一年的二氧化碳排放量。有效改善区域小气候，无霜期由 52 天增加到 64 天，年均大风日数由 83 天减少到 53 天，年均降水量由不足 410 毫米增加到 479 毫米。在塞罕坝森林、草原、湿地等多种生态系统中，栖息着陆生野生脊椎动物 261 种、鱼类 32 种、昆虫 660 种、植物 625 种。

2. 显著的经济效益

建场以来，塞罕坝林场坚持依托百万亩森林资源发展森林旅游、绿化苗木、林副产品、林业碳汇等绿色产业，实现资产总价值达到 231.2 亿元，每年提供的生态系统服务价值达 155.9 亿元，经济收入由每年不足 10 万元增加到 1.6 亿元。塞罕坝林场实现从无到有、从贫到富的同时，职工的收入也明显增加，年均收入达 10 万元。

3. 突出的社会效益

在塞罕坝林场的辐射带动下，周边区域 4 万多百姓受益，2.2 万贫困人口实现脱贫致富。带动周边发展苗木基地 10 万多亩，总价值达 7 亿多元，年产值 1.4 亿元，辐射带动 3500 多户贫困户、4500 多名贫困人口受益，人均年收入增加 5000 余元。塞罕坝林场每年投入劳务资金 6000 多万元，开展营造林等经营活动，为当地 4000 多名群众提供就业岗位，3200 多名贫困人口受益，人均年收入达 1.5 万元。免费为周边区域提供技术支持，周边 1.6 万名群众通过发展经济林实现稳定增收。通过开展定点帮扶，帮扶村扣花营村的 210 户贫困户 609 人全部脱贫，贫困户人均纯收入近万元。

经验与启示

党的领导是保障。塞罕坝林场的生态变迁是在中国共产党的坚强领导下，充分发挥社会主义制度优越性，集中力量办大事的成功实践。党和国家一直在政策、资金、技术、人才等方面给予大力支持和真情关怀，充分表明优越的中国特色社会主义制度和党的正确领导是塞罕坝战胜一切困难、取得一切成绩的政治保障。

塞罕坝精神是动力。几代塞罕坝人扎根在气候恶劣和生活艰苦的塞北高原，始终传承弘扬“牢记使命、艰苦创业、绿色发展”的塞罕坝精神，并将其根植于魂、厚植于心、融入血脉、见诸行动，坚持一张蓝图绘到底、一代接着一代干，实现从“一棵松”到百万亩林海的历史跨越。

绿色发展是引领。塞罕坝林场的发展历程就是党和国家生态文明建设决策部署落地见效的过程。塞罕坝林场以 60 年的接力实践印证习近平总书记“绿水青山就是金山银山”的科学论断，雄辩地证明只要科学定位、久久为功，自然生态系统是可以得到修复重建的，让沙地荒山变成绿水青山。

科技创新是引擎。几代塞罕坝人不断开展科技攻关，摸索总结全光育苗、“三锹半”植苗、困难立地造林等一套在高寒地区科学造林育林的成功经验和先进理念。在土壤贫瘠、岩石裸露的石质阳坡启动攻坚造林工程，探索出取石客土、覆土防风、覆膜保墒、防寒越冬等一整套造林技术，推行网箱式储苗、生根粉浸根与保水剂混泥浆蘸根造林、10%备补苗、机械整地等新措施，使苗木成活率达到98.9%的历史最高水平。

高效用活清洁能源助力乡村振兴

——中国广核集团有限公司支持的广西乐业风电帮扶项目

案例类型：生态减贫

关键词：风力资源，风电项目，入股分红＋赠股分红＋保底收益

提交机构：中国广核集团有限公司

摘　要

广西壮族自治区百色市乐业县风力资源较为丰富，具有较大的开发利用空间。中国广核集团有限公司（以下简称“中广核”）按照“一县一策”的思路，深入研究，因地制宜，科学谋划，在乐业县投资建设总装机 20 万千瓦的风电项目。该项目紧扣乡村振兴“五大核心要义”，创新采用“入股分红＋赠股分红＋保底收益”的特色帮扶模式，为 63 个已脱贫村集体每年分红超 500 万元，惠及 11 万人。该项目分红资金优先用于帮助发展村集体产业，壮大村集体经济，持续“造血”，化自然的能量为帮扶的力量，以可持续发展的长效机制帮助乐业县巩固拓展脱贫攻坚成果和全面推进乡村振兴。

背　景

乐业县地处云贵高原东南麓的大石山区，曾属于滇桂黔石漠化集中连片特困地区，2020 年被列为未脱贫的 52 个挂牌督战县之一。该县村集体经济基础薄弱，内生动力不足，可持续性不强，2021 年被列为国家乡村振兴重点帮扶县。经过摸底调研发现，乐业县的风力资源较为丰富，具有较大的开发利用空间。为助力乐业县打赢脱贫攻坚战、筑牢乡村振兴产业基础，中广核积极发挥在清洁能源领域的科技、资金、人才等优势，立足于乐业县的资源禀赋、实际情况和产业发展的切实需求，因地制宜，科学决策，在乐业县投资约 12 亿元，建设中广核乐业 20 万千瓦风电帮扶项目（以下简称“乐业风电帮扶项目”），探索构建“入股分红＋赠股分红＋保底收益”的特色帮扶模式，通过稳定分红确保项目真正发挥帮扶效益。

项目实施

一是创新帮扶模式，振兴村集体经济，惠及乐业县全部脱贫人口。乐业风电帮扶项目分期建设，逐步开发。一期由中广核和乐业县 63 个贫困村集体共同持股，村集体入股资金为 4230 万元（政府专项扶贫资金 3780 万元、中广核捐赠资金 450 万元），由乐业县农业投资开发有限公司代持，占股比为 42.3%。中广核捐赠的资金用于帮助 15 个深度贫困和极度贫困村增加入股资本金，取得更多分红。项目帮扶范围覆盖乐业县 63 个贫困村 11 万人口，其中贫困户 11 168 户 48 771 人。该项目投运后在 20 年运营期内每年进行分红，确保村集体经济可持续增收，有效巩固拓展脱贫成果。若项目实际盈利情况低于保底收益率，则按保底收益率，最终确保 63 个贫困村参股的资产保值增值。项目二期继续推行“赠股分红”模式，聚焦重点帮扶对象，向15个原深度贫困和极度贫困村捐赠450万元，占股比为1.8%。此外，该项目全部投运后年预计发电量3.57亿千瓦时，预计年发电收入1.5亿元。每年可为乐业县增加税收约2000万元。

二是发挥项目综合辐射效应，带动周边产业联动发展，振兴产业经济。项目设计之初，中广核项目团队联合全达村村民购买花种，在风机所在地草王山上种植1000亩格桑花，打造“风车花海”生态景观，吸引众多游客前来旅游，助推当地旅游业发展。在“风车花海”成为热门景点的同时，“筑巢养蜂”产业随之上线，为村民找到另一条增收渠道。

▲ 乐业风电帮扶项目一期的“风车花海”生态景观

三是打好“产业+就业”组合拳，加强技能培训，振兴基层人才。该项目在建设期内共完成8名建档立卡贫困户的就业转移，占项目团队总人数的一半，并在产业链上下游提供就业岗位。此外，中广核在全达村设置播种员、看护员、环境卫生员等公益性岗位，激励村民积极主动参与乡村建设和治理，共同建设美丽乡村。

四是党支部结对共建，拓展新思维，激发新活力，振兴基层党组织。为发挥基层党组织在乡村振兴工作中的引领作用，项目公司所在党支部与该项目所在地全达村党支部结对共建，互通宝贵经验，共同学习提升，激发乡村振兴和基层治理新活力，共同打造新时代乡村振兴示范点。双方在支部建设、党史学习教育、产业振兴、村集体经济发展等方面开展深度合作，同时项目公司党员定期进村开展“我为群众办实事”活动，进行强弱电线路检查、维修及改造，解决群众的难题，维护用电安全。

五是扮靓村容村貌，推进乡风文明建设，振兴乡村文化。中广核派驻全达村的驻村干部在进行产业帮扶的同时，始终将乡风文明建设和乡村文化发展摆在重要位置。中广核积极引入社会爱心帮扶资金，为全达村安装250盏太阳能路灯，解决村民夜间出行难题，照亮通往幸福之路。开展村居环境整治，实施危房改造200多套，道路硬化超30千米，建设21个集中供水点。

六是走绿色发展之路，节能减排，振兴乡村生态。乐业风电帮扶项目的投运为乐业生态振兴、建设美丽家园提供清洁能源支撑。据测算，该项目每年节约标准煤11.8万吨，相应每年可减少多种大气污染物的排放，其中减少二氧化硫排放量约2340吨、二氧化碳约28.9万吨，实现经济发展与环境保护共赢，助力国家“碳达峰、碳中和”目标早日实现。

成效

一是入股分红助力村集体经济发展。截至2022年12月底，乐业风电帮扶项目一期自投运以来累计完成上网电量将近

1.49亿千瓦时，营收超过6083万元。2022年，该项目一期进行第一次分红，为乐业县63个村集体分红458万元，极大地增强村集体经济实力。

二是风车花海景点带动乐业县旅游业发展。16台风机，千亩格桑花，群山环绕，青山万里。乐业风电帮扶项目作为风车花海景点的核心元素为乐业旅游业发展增添新活力，将清洁能源、旅游、种植业有机整合，大大提升资源利用价值。

三是党支部结对共建打造乡村振兴示范点。中广核基层党组织与乐业县全达村党组织深度共建，为中广核帮扶项目持续产生实效提供组织保障。

▲ 2021年10月，中广核新能源与乐业县基层党组织结对共建

四是乡风文明发生显著改变。生活要富裕，精神要富足。全达村由内而外焕然一新，新的不仅是村容村貌，更是村民的精神面貌。全达村正是“产业兴旺、生态宜居、乡风文明、治理有效、生活富裕”的示范村。

五是提升乐业电力设施水平，促进县域经济发展。乐业风电帮扶项目是乐业县首个风力发电项目，项目的建设推动乐业县电网配套设施建设，促使其电力设施水平迈上新台阶。通过完善网架结构保证供电稳定性，不仅为乐业县经济发展提供电力支撑，也让乐业告别经常性停电的历史。

真实故事

王消宇是乐业县全达村2020年毕业的贫困大学生中的一员，毕业后入职中广核新能源，在乐业风电帮扶项目从事土建工作，实现在家门口就业。针对新入职的人员，中广核进行系统的专业培训，帮助他们快速完成身份转变，将其在学校所学的技能与项目现场所需技能有效结合。对王消宇来说，能够在家乡投身于新能源和乡村振兴事业是一件非常自豪的事情。他斗志昂扬、激情满怀，在基层一线勤勤恳恳、发光发热，展现了新时代青年的家国情怀。

经验与启示

一是创新采用“入股分红＋赠股分红＋保底收益”的特色帮扶模式。在乐业风电帮扶项目启动之初，中广核精准施策，探索构建“入股分红＋赠股分红＋保底收益”的特色帮扶模式，变“输血”为“造血”，帮扶范围覆盖乐业县全部贫困人口，通过稳定分红和兜底保障构筑风险防御屏障，确保项目真正发挥脱贫实效。

二是充分发挥项目的辐射带动效益，以项目为核心纵横拓展、上下延伸，为乡村振兴开创资源增值新路径。项目建设及运营期充分发挥新能源产业项目的综合带动作用，在税收、旅游、产业发展、劳动力就业等方面持续推动乐业县经济社会发展，全面提升清洁能源产业项目的经济价值、生态价值、旅游价值，为革命老区乡村振兴、能源发展注入新动能。

三是整合市场资源，提高项目收益和抗风险能力，确保参股贫困户长期稳定受益。中广核在推进乐业风电帮扶项目的过程中，通过市场化参与机制和投资收益机制整合各方资源，积极撬动社会资本、金融机构、风机厂家、电网公司、政府机构在产业链条上相互协作、资源互补，降低工程造价成本、资金成本，取得优惠贷款利率等，在发电消纳环节推动区域输电能力提升，提高发电小时数，度电必争，最大程度提高产业帮扶项目效益，确保项目顺利落地和建档立卡贫困户的利益不受损。

四是科学设立乡村振兴基金，实现项目分红资金效益最大化。后续在帮扶乐业县63个村集体获得稳定收益后，项目分红收益还将用于支持村镇的基础设施建设、公共医疗补贴、环境治理、种植和养殖产业发展等。通过强化产业延伸、拓展帮扶成效，发挥分红资金的最大效益，引导社会力量参与，为乐业县乡村振兴事业的长远发展拓宽道路。

东非荒漠上的“生命水塘”
——中国武夷公司“广挖水塘广蓄水”减贫案例

案例类型：基础设施建设

关键词：公路，水资源安全，人类命运共同体，可持续

提交机构：中国武夷实业股份有限公司

摘　要

走进非洲，见证非洲。福建建工集团有限责任公司控股的中国武夷实业股份有限公司（以下简称“中国武夷公司”），在建设肯尼亚托比—摩亚雷 A2 公路（以下简称“新 A2 公路”）、C99 公路、C12 公路、D549 公路和坦桑尼亚科曼加—卡辛迪公路等项目过程中，为解决生产、生活和沿线居民、家畜的用水难题，战胜干旱、高温、沙尘暴等恶劣自然条件，提出和完善“广挖水塘广蓄水”的公益性可持续发展方案，因地制宜，在项目沿线共建成大中型水塘 276 座，可蓄水总量约 370 万立方米。该方案的实施至少为当地节约建设资金 665 万元人民币，为当地每年增创社会经济价值 9755 万元人民币。水塘有效缓解因经常性争夺水源而引起的部族冲突，改善沿线的生态环境，提高当地居民的幸福指数，被誉为“生命水塘”。该方案经东非地区项目实践，被证明是可借鉴的、能够造福非洲热带稀疏草原和荒漠地区居民、促进当地减贫脱贫的有效方法，是

对习近平总书记倡导推动的构建“你中有我、我中有你”的人类命运共同体理念的生动实践。

背　景

非洲部分地区面临沙漠化、荒漠化。世界最大沙漠——撒哈拉沙漠的面积每年仍在不断扩大，同时存在严重的水土流失。据联合国教育、科学及文化组织统计，非洲的水资源危机每年导致6000人死亡，约有3亿非洲人口因缺水过着贫苦生活。肯尼亚北部马萨比特郡当地人口约11万人，各种牲畜（牛、羊、驴和骆驼等）约50万头。该地区属于热带草原和沙漠气候，为干旱半干旱地区，终年高温酷暑、风沙肆虐，年均气温38℃以上、降水量400毫米以下，地表无常年径流河水，水资源十分匮乏。贫困、干旱、部族冲突世世代代困扰着东非当地居民。中国武夷公司承建新A2公路项目。新A2公路项目部进场以后，主动融入东道国发展，重视在施工中保障人畜饮用水。遇到干旱季节，该项目部还专门安排工程水车（容量15立方米），为缺水的村落和学校送去应急用水，有存档的送水记录超过200车。然而，由于地下水资源匮乏，该项目部先后钻取的12口水井中只有3口水井有地下水，并且每小时总出水方量不足30立方米。如何既保障工程项目生产、生活用水，又缓解当地居民、牲畜饮用水危机，成为保证公路项目安全顺畅施工必须解决、最为紧迫的难题。

项目实施

1. 走访调研

集思广益后，该项目管理人员走进当地居民家中了解他们的想法和对建造水塘的接受度。当地居民具有保护土地的质朴思想，曾一度反对挖土动工的提议，因此前期的走访调查并不顺利。经过数个日夜的拜访和思想开导工作，在诚意满满的几次“送水礼”后，当地居民终于同意项目部在新 A2 公路沿线挖 1 个小水塘，“先试一试”。

2. 方案设计

（1）选址优先考虑汇水口。水塘须满足线路 1 万米范围内的施工用水量。雨季时雨水能够在地表汇成溪流，该项目部需要根据汇水面积和年降水量计算可蓄水体积。用好汇水口能大大提高水塘蓄水总量。

（2）用材必须防渗透。东非地区土层分布有持水力强的黑棉土，但由于地质分布不均，在一定深度的黑棉土区域往往存在易渗水的砂性土，因此要就近取材，把砂性土换填成黑棉土。

（3）水塘堤坝必须高度压实。开挖过程注重挖填平衡，挖出来的土需要根据标高往低洼围坝处分层回填并分层夯实碾压，要求压实度在 90% 以上，并自下而上逐步收坡。

（4）溢水口设置必须安全可控。溢水口的处理要保证水塘围坝最低点高度高于溢水口 2 米以上，溢水口宽度根据水塘的面积和体积大小确定，一般不宜小于 2 米。

3. 方案实施

该项目部在精确测算当地汇水面积、水文记载年降水量、蒸发量、下渗量等数据后，选择在新 A2 公路沿线 3000 米处挖掘修建第一处水塘。

4. 方案复制

由于该项目所在地区的大雨季为每年的 4 月份，该项目部青年突击队加班加点，严格按照项目部制订的施工计划，仅耗时半年就完成 10 座水塘建设的目标任务，蓄水总容量约 22 万立方米。

成　效

1. 推动公路项目持续创造经济价值

中国武夷公司在东非地区共建成大中型水塘 276 座，可蓄水总量约 370 万立方米，至少为当地节约建设资金 665 万元人民币；采用节约社会劳动时间方式测算，每年可为当地带来约 9755 万元人民币的社会经济价值。同时，中国武夷公司为饱受贫困、冲突困扰的当地居民创造就业机会，不仅聘用当地员工挖掘水塘、为当地居民送水，帮助当地居民获得体面工作，还为当地培养大量技术工人。

2. 满足沿线居民及牲畜的用水需求

沿线水塘的修筑使得东非地区的居民在享受道路便利的同时，还能轻松获取干净、充足、稳定的水资源。以新 A2 公路沿线的一个村庄为例，水塘每天可以满足周边 300 多户家庭、4000 多头牲畜的饮水用水需求。

3. 缓解当地部落的水资源冲突

水塘的出现极大地缓解了长期以来的水源争夺冲突，同时增强当地居民应对旱灾和缺水问题的能力，在一定程度上缩小了马赛族内部的贫富分化。

4. 保障民生，提升幸福感、获得感

过去，在东非地区出门取水常常要走几千米甚至几十千米，如今水塘近在眼前，让当地居民尽享实实在在的便利。当地的男孩儿吉洛·扎尔德萨说：“以前，我需要花费大半天时间排队取水，如今来回往返加起来只需要 2 个小时。”肯尼亚 D549 公路项目沿线的当地妇女过去每天要背负沉重的水罐和不洁的浑水跋涉 5 个小时，现在出家门不远就能看到水塘，取水便利。

5. 改善沿线生态环境

从前，在肯尼亚北部马萨比特郡等东非地区，目之所及皆是“干涸龟裂的河床、漫天飞扬的红土、焦黑坚硬的岩石”这般苍凉的景象。中国武夷公司因地制宜、因势利导、开挖水塘，既起到蓄水抗旱作用，又极大助力生态环境改善和生物多样性保护。

6. 巩固中非人民的友好情谊

修建水塘为该项目部在当地树立良好口碑。在肯尼亚 C12 公路项目水塘建成后，当地村民拉着该项目部的水塘施工人员的手说：“中国武夷公司给我们提供了生命之水、救命之水。”“中国武夷公司雪中送炭，是我们最可靠的朋友。”

7. 树立中国企业的良好形象

“广挖水塘广蓄水”不仅增进该项目部与当地居民的关系，而且提升中国武夷公司在当地居民心中的形象和地位，彰显负责任国企的担当，是中国武夷公司深入贯彻落实共建“一带一路”倡议的生动写照。

真实故事

肯尼亚东部的D549公路项目位于基利菲郡马里亚卡尼镇，那里因长期干旱，农作物得不到灌溉，80%的土地变成荒地，周围居民和牲畜用水也极为紧张，争夺水源所引发的流血冲突不在少数。2017年，该项目部投资超200万肯先令、花费508个工时，先后修建6个中型水塘，惠及当地居民约3000人，解决农业、畜牧业和生活用水短缺的问题，为社会稳定做出贡献。在水塘蓄水后，当地居民纷纷赶着自家的牛羊前来饮水，并重新浇灌自家的菜园，生活变得越来越有希望。

经验与启示

1. 注重调研并尊重文化差异

该项目在开展过程中首先进行调研，以了解当地居民对修建与公路相关的水塘的意见，这为项目的顺利开展奠定民意基础。此外，在项目推进过程中，尊重文化差异、主动融入当地文化、与当地居民建立友谊也是项目顺利完成的关键。

2. 方案推广与公益行动

该项目先后围绕各类公路项目推出肯尼亚C99公路项目“生命水塘”、肯尼亚C12公路项目“生命水塘”、坦桑尼亚科曼加—卡辛迪公路项目“生命水塘”等公益行动，缓解农业、畜牧业和生活用水的短缺问题。一些项目帮妇女减少更多的取水时间，让儿童有更多的学习时间，这些都是该项目延伸价值的体现。

“五成治理”模式铺就小流域发展快车道

——鲁中山区的农业综合开发水资源利用与土地治理项目

案例类型：水利扶贫

关键词：水资源利用，社区参与，妇女赋能，小流域治理

提交机构：山东省济南市水务服务中心

摘　要

为了缓解因自然和人为因素造成的水土流失，导致栖龙湾小流域和富家庄小流域区域农业生产环境恶化、生态平衡失调、水旱灾害频繁等一系列突出问题，2015 年，联合国开发计划署、中国国际经济交流中心（以下简称“国经中心”）、可口可乐中国公司在山东省鲁中山区开展山东黄河流域农业综合开发水资源利用与土地治理项目，通过规划小型水库防渗加固、塘坝及谷坊工程建设等六大任务，并面向农村群众组织举办牲畜饲养、节水灌溉技术及堆肥厂运行管理知识技能培训班，以改善农民的知识与技能匮乏。该项目实施后不仅改进当地的产业结构、建成生态清洁型小流域，而且以项目区建设成效为示范带动发展起来的山丘区特色产业园有 20 余处，每年到项目区观摩学习、进行教学实践、开展科普教育、旅游观光的人员为 4000 ～ 5000 人，直接受益人口 8240 人，其中妇女 4200 人、儿童 1250 人，间接受益人口达 3 万人。

背　景

栖龙湾小流域和富家庄小流域地处山东省鲁中山区，流域总面积 19.25 平方千米，处于沂蒙山泰山国家级水土流失重点治理区。过去，因多年自然和人为因素造成的水土流失，导致当地农业生产环境恶化、水旱灾害频繁。两个小流域均无客水资源，大部分水利工程年久失修、渗漏严重，加之传统农业大水漫灌式的用水方式造成大量水资源的浪费，加剧水资源的供需矛盾。流域内产业结构不合理，农产品附加值低。流域周边农业、工业、生活污水被大量排放，生态环境受到污染。两个小流域远离乡镇驻地和城市，人均受教育年限仅 8.3 年，当地农民群众普遍缺乏现代农业新知识、新技能。该项目实施前，当地政府及相关部门着力破解流域发展难题，先后在栖龙湾小流域建成国家级水土保持科技示范园，在富家庄小流域引入民间资本发展山区经济，力求以点带面促发展。

项目实施

2015 年，联合国开发计划署、国经中心、可口可乐中国公司遴选各地申报的水方案。经水利部黄河水利委员会引荐，山东黄河流域农业综合开发水资源利用与土地治理项目入选，并于 2015 年 11 月落地实施，2016 年 12 月完成建设任务。该项目针对栖龙湾小流域和富家庄小流域的实际状况及发展需求，与项目区在建工程相衔接，规划了小型水库防渗加固、塘坝及谷坊工程建设等六大任务，分别在两个小流域组织实施。

在栖龙湾小流域，依托项目区在建的栖龙湾水土保持科技示范园建设项目和已建水利设施，开展 4 项活动。一是建设小型水库防渗加固工程，对 4 座小型水库实施放水洞防渗与坝身灌浆截渗。二是建设谷坊及塘坝工程，新建塘坝 1 座、谷坊 5 座，栽植水保林和经果林 15 公顷，整修生产路。三是开展农业节水灌溉技术示范，研发应用远程自动控制技术，发展经果林节水灌溉面积 10.7 公顷；采用水肥一体化灌溉方式，在蔬菜种植实验基地发展节水灌溉面积 2.5 公顷。四是开展技术讲座，组织举办山东省水土保持综合治理模式高级研修班。

在富家庄小流域，依托项目区在建的富家庄园高效农业治理项目和已建水利设施，开展 5 项活动。一是建设小型水库防渗加固工程，对 1 座小型水库实施坝身灌浆截渗。二是建设谷坊及塘坝工程，修建 4 座塘坝，栽植水保林和经果林 25 公顷。三是开展农业节水灌溉技术示范，推广应用水肥一体化节水灌溉技术，发展山地和大棚种植节水灌溉面积 20.8 公顷。四是实施堆肥厂示范工程，修建人禽粪便—秸秆有机物发酵堆肥厂示范工程 1 个。五是举办技术培训班，组织村民学习牲畜饲养、节水灌溉技术及堆肥厂运行管理等知识。

该项目实施前后，联合国开发计划署、国经中心、可口可乐中国公司、水利部黄河水利委员会等各方领导和专家 3 次开展实地考察，与该项目承办方会商确定项目任务书及实施方案。地方政府积极响应联合国可持续发展倡议，市政府分管领导挂帅督办合作项目，市财政在资金保障上鼎力支持，水利部门组织经验丰富的管理干部和技术干部开展项目规划及建设，“捆绑”实施地方政府投资的栖龙湾水土保持科技示范园建设项目与可口可乐中国公司出资支持的合作项目。同时，以地方财政资金为保障，以吸引民间资本投入山丘区治理和发展为辅助，与合作项目一体化实施富家庄园高效农业治理项目。

成效

山东黄河流域农业综合开发水资源利用与土地治理项目总体实现预期目标，项目直接受益达8240人，其中妇女4200人、儿童1250人，间接受益达3万人，以项目区建设成效为示范带动发展起来的山丘区特色产业园有20余处，每年到项目区观摩学习、进行教学实践、开展科普教育、旅游观光的人员达4000～5000人。

依托水方案，项目区加快发展特色产业。该项目防渗加固的水库、新建的塘坝和谷坊，综合实现水补偿量90多万立方米，连同流域内其他3座水库、5座塘坝、20多道谷坊，总库容达到380多万立方米，基本实现区域内水资源水系相连、丰枯相济；开展的农田、经果林及大棚种植节水灌溉，年节水量近30万立方米。建成的堆肥厂形成日均处理动物粪便及农作物秸秆10吨的能力，年可新增效益24万元。近5年来，两个流域经果林面积增长7倍，节水灌溉技术普遍运用，山丘区旅游业快速发展，外出务工群众多数返乡创业，女性劳动力就近从事苗木嫁接、果品采摘及外销等工作，已吸收当地人口就业400余人，农民收入明显增加。

融入新理念，项目区建成生态清洁型小流域。经监测，栖龙湾和富家庄小流域2021年中度以上水土流失面积较2015年分别下降42%和38%。该项目建成的自动灌溉工程节水保肥效果突出，可大量节约水资源，改善土壤水肥条件，有效减少传统灌溉方式下的水资源浪费及对地表的扰动。利用堆肥厂生产生物肥料，实现人禽粪便及农作物秸秆的回收再利用，年可消化废弃物近4000吨，生产生物肥料3000吨，既可变废为宝，又在很大程度上改善土壤肥力和空气质量，为推进循环经济发展树立典范。

▲ 栖龙湾小流域水系连通

构建新平台，项目区突出发挥示范作用。借助合作项目，栖龙湾水土保持科技示范园进一步完善集生态、科研、技术推广、科普教育和休闲观光于一体，功能完备的科技示范体系。目前，栖龙湾水土保持科技示范园通过项目建设进一步提升基础设施和科研条件，已成为生态建设的展示平台、宣传平台、培训平台与合作平台。

经验与启示

因地制宜做好规划是项目长期发挥效益的根本保证。该项目合作多方的发展理念高度契合，确定的管理技术创新与试点示范、社区参与与妇女赋能、政策倡导与能力建设等实施策略，符合当地水利发展规划及项目区实际。在项目实施过程中，水方案办及地方项目办跟进细化技术方案，将原规划的1座小型水库防渗工程调整为修建塘坝和谷坊，根据当地群众的诉求增建1座蓄水池以解决群众的引水困难。该项目规划为推进“四水”（保水、节水、净水、肥水）和改善“三生”（生活、生态、生计）提供科学依据和技术支撑。

汲取各方面的成功经验是促进形成发展新优势的强劲动力。在工程建设中，项目办注重汲取全省水保工作经验和过去数年示范园探索尝试的新方法，并融合水方案的先进理念，着力修建小型水利工程、实施沟谷治理、整治梯田和道路、引种优质苗木、发展节水农业，创新形成水成、地成、林成、路成、主导产业成的“五成治理”模式，以治水保需求、以沟道梯级开发调配利用径流资源、以节水促降耗、以特色经济增产增收的项目作用机制。

应用科学技术和先进方法是建成示范小流域的关键。该项目应用的智能灌溉系统及“灌溉通”自动控制器，由地方项目办技术人员与高新企业采取“项目＋科研”的方式联合研发。该系统及设备针对山区水源条件差、灌溉效率低、人力成本高等问题，利用互联网、智能监测、自动控制、微灌等技术，采用无线通信终端及互联网远程控制的方法，实现田间灌溉的智能控制，填补节水灌溉远程控制技术的国内空白。

闲置资源的跨国再利用助力实现联合国可持续发展目标

——中国扶贫基金会国际爱心单车项目

案例类型：公益捐赠

关键词：共享单车，国际援助，闲置资源循环利用

提交机构：中国乡村发展基金会

摘　要

针对共享单车企业因激烈的市场竞争产生的大量闲置二手单车资源，中国扶贫基金会（现“中国乡村发展基金会”）设计国际爱心单车项目，解决发展中国家中小学生因缺乏交通工具影响学习时间甚至辍学的问题。该项目利用公益机构能广泛动员社会志愿资源的优势，设计“三捐一免”的项目运行模式，即二手单车来自捐赠，拆锁、维修和清洗来自捐赠，运输费用来自捐赠，进口关税得到豁免，从而使项目得以成功实施。目前，该项目已经在缅甸和柬埔寨两国落地，惠及两国1080名中小学生，帮助他们缩短上学时间。该项目可供国际借鉴的经验有：对闲置资源进行跨国分配和利用、助力实现联合国优质教育和环境保护等可持续发展目标的多赢结果。

背　景

2015 年，中国掀起共享单车热，各家单车企业纷纷抢占市场。2018 年开始，大量的共享单车被闲置，造成资源的积压与浪费，成为社会大众普遍关注的热点。而在一些发展中国家的农村地区，很多贫困学生每天上学需要花费 2 个小时及以上的时间步行到学校，因此减少了他们很多的休息和学习时间，同时增加了上学的安全风险。很多家庭因为经济条件限制，无法负担为孩子购买交通工具的费用，甚至因为感觉麻烦或者认为孩子的上学难度太大，一些家庭的孩子过早地辍学，错失受教育的机会。

世界自行车救援组织的研究结果显示，农村地区人口在获得自行车后，每天的交通费用减少，工作时间更长，因此每天平均花费能减少 0.55 ～ 0.75 美元。自行车对教育的影响同样深远。该组织所做的教育调研显示，学生在获得自行车后，上课率提高 28%，学业表现提高 59%。无论捐献数量多少，将社会闲置的二手自行车资源再利用，都能对当地儿童产生深远、可持续的影响，可以说是“小投入、大影响”。同时，在当今大力提倡“碳达峰、碳中和”等环保理念的大环境下，通过社会闲置资源的循环利用，能为节能减排做出贡献。

项目实施

1. 项目进程

2019 年，中国扶贫基金会联合缅甸合作伙伴共同试点开展国际爱心单车项目，共同捐赠 1000 辆爱心单车，并顺利在坦达宾镇区试点发放 80 辆，缅甸项目后来又获得中国石油天然气集团有限公司捐赠的 1000 辆爱心单车。该项目试点成功后，中国扶贫基金会向社会呼吁，希望有更多的组织与机构能够联合在一起，共同为该项目的正式实施添砖加瓦。2021年年初，中远海运慈善基金会通过其“公益送”平台免费向“一带一路”沿线有需求的国家和地区捐赠爱心单车。此后，中国扶贫基金会联系多家共享单车企业，哈啰出行（现更名为“哈啰”）第一时间做出响应。2021年年底，哈啰出行捐赠1000辆单车，帮助柬埔寨的贫困学生。柬埔寨爱心单车项目覆盖4个省67个村的67所小学。

2. 受益对象的选择

国际爱心单车项目的受益对象分别是发展中国家欠发达地区的小学高年级学生或中学生；上下学步行的距离超过2千米的学生；家中无汽车、摩托车等交通工具的学生；孤儿和单亲家庭学生。

3. 组织分工

国际爱心单车项目是一个多方合作共赢的项目。中国扶贫基金会作为项目的发起方，全面负责项目的设计和落地执行，同时根据项目多方参与的特点明确分工。以柬埔寨爱心单车为例，二手单车及拆锁、维修和清洗来自哈啰出行的捐赠；运输服务来自中远海运慈善基金会公益送项目的捐赠；进口关税得到豁免，来自柬埔寨社会组织联盟论坛的申请。

4. 实施流程

（1）单车捐赠。中国扶贫基金会发起国际爱心单车项目后，得到国内共享单车企业、国际运输企业和海外中资企业的积极响应，中国石油天然气集团有限公司捐赠缅甸1000辆爱心单车的资金已经到位，因缅甸新冠疫情影响推后执行；哈啰出行捐赠柬埔寨1000辆爱心单车已实施完毕；中远海运慈善基金会通过其公益送平台捐赠柬埔寨爱心单车的海运和陆运服务。此外，其他国内共享单车企业也对该项目表现出强烈的兴趣，相关合作仍在商谈中。

（2）清洗维修。为了确保捐赠单车的质量，二手单车捐赠前需要严把质量关。在柬埔寨爱心单车捐赠过程中，捐赠单位哈啰出行非常负责，他们从一大批二手单车中挑选质量最好的，还承担单车的拆锁、维修任务。在拆除零件和维修过程中，对于单车保留哪些零件、拆除哪些零件对学生更有益，中国扶贫基金会和哈啰出行进行多轮沟通。在单车准备装船运输前，哈啰出行还专门派人清洗捐赠车辆，保证每辆单车干净整洁，给受益人留下良好的印象和心理感受。

（3）清关免税。国际物资捐赠需要申请免税清关，在项目设计的实施方案中此项工作通常由受益国合作伙伴负责。在柬埔寨爱心单车项目实施中，柬埔寨社会组织联盟论坛负责申请免税函。由于中国扶贫基金会与该组织有多年合作经验，因此此次免税函的申请非常顺利。

（4）爱心单车的发放。为了确保爱心单车确实发放到受益学生手中，中国扶贫基金会首先要求项目合作伙伴提交受益学校和受益学生的名单，经双方确认后再启动发放工作。由于受新冠疫情影响，这些捐赠给柬埔寨的爱心单车是委托中远海运国际货运有限公司发放的。

（5）受益学生签收表的回收。发放单车时，要求每名学生填写签收表。在缅甸，学生家长还需要签署承诺书，承诺不变卖单车，确保给孩子使用。

（6）结项。签收表被回收并检查合格后，该项目完成财务系统出库，完成结项。

成 效

1. 实现多赢结果

国际爱心单车项目是一个多赢价值的项目。首先，在当今大力提倡“碳达峰、碳中和”等环保理念的大环境下，该项目能解决由于我国共享单车更新换代速度快产生大量闲置资源的问题，通过社会闲置资源的再利用，为节能减排做出贡献。其次，很多受益国的贫困学生的往返上学路大多超过两个小时，这非常影响学习，利用单车可以帮助解决贫困学生上学的“最后 5 公里”，改善受益国有需求学生的基本学习条件，促进学生的全面发展。最后，该项目能够传递中国人民的情谊，促进民心相通，搭建友谊之桥，助力构建人类命运共同体。

2. 在助力实现联合国的优质教育和环境保护可持续发展目标上效果显著

据测算，柬埔寨爱心单车项目捐赠的 1000 辆单车惠及 1000 个家庭。每辆自行车可以每天为孩子节省 1.5 小时，全年就是 821 小时，大大增加孩子们的学习时间，助力优质教育目标的实现。同时，单车是二手资源再利用，1000 辆二手单车的循环使用可节省 14 吨钢铁、2.75 吨橡胶，从而为环境保护目标做出贡献。

真实故事

春茜玲是柬埔寨农村的一名 12 岁小学生。几年来，由于她的家庭无力为她购买自行车，她每天都要从家走几千米去上学。在中国共享单车企业向柬埔寨农村贫困学生捐赠自行车后，她的困难终于得到解决。

春茜玲在位于柬埔寨首都金边以南约 5 万米的一所

小学学习，是67所农村学校的1000名贫困学生中的一员。他们最近获赠了中国的共享单车。她说："我家离学校大约3000米。因为我的父母都是农民，家里很穷，他们没有钱给我买自行车，所以我必须步行上学，每天往返要1小时。"这让她感到很困难，尤其是天气很热时，有时她会想辍学，只因为没有上学的交通工具。

"但是，现在我收到了一辆中国捐赠人送给我的自行车，上学路上真的方便很多，骑车只需要15～20分钟就能到学校。"春茜玲说，"我非常高兴，也非常热爱学校，我不再想退学了。"

经验与启示

1. 跨国减贫公益项目可以使闲置资源焕发"二次生命"

前些年，中国共享单车市场竞争激烈，各家单车质量参差不齐。考虑到实际情况，多个城市监管部门都为共享单车设定报废回收的底线标准——3年必须报废。然而单车在使用3年后，其实剩余使用价值依然很高，直接进入回收流程非常可惜。共享单车企业出于行业竞争和用户体验的考量，即使单车使用功能完好，在外观受损后也可能会被主动回收报废。据共享单车业内人士透露：回收零部件的下游再生资源商会给单车企业部分费用，但金额有限，而且雇人把单车从大街上收集起来集中运送到回收站，也会产生运输成本，共享单车企业还没办法依靠卖旧车赚钱。因此，无论是公益考量，还是经济考量，共享单车企业都愿意参与国际爱心单车项目。虽然旧单车不值钱，但它可能改变一个人、一家人的命运，焕发"二次生命"，也符合低碳、绿色、共享的理念。

2. 联合国可持续发展目标的实现需要政府、企业和公益组织的多方合作

国际爱心单车项目是一个利用闲置资源的成功案例。项目的成功实施离不开政府、企业和公益组织的多方合作。在柬埔寨爱心单车项目中，代表政府部门的中国国家乡村振兴局和柬埔寨财政部批准项目实施、同意免征关税；代表企业的哈啰出行和中远海运慈善基金会捐赠单车和提供运输服务；代表公益组织的中国扶贫基金会负责设计项目、协调政府、动员企业和落地执行等。政府、企业和公益组织在项目中“三位一体”的合作使得项目成功落地，有力推动联合国可持续发展目标的实现。

粮食问题

释放全球重要农业文化遗产品牌效应，打造万年乡村振兴样板间

——以江西万年稻作文化系统扶贫增收模式为例

案例类型：产业扶贫

关键词：全球重要农业文化遗产系统，保护，稻米产业

提交机构：联合国粮食及农业组织，农业农村部国际交流服务中心，江西省农业农村厅

摘　要

2010 年 6 月 14 日，“万年稻作文化系统”被联合国粮食及农业组织正式认定为“全球重要农业文化遗产系统”。为推动当地农民生计持续改善，万年稻作文化系统在积极推进遗产保护的同时，依托全球重要农业文化遗产（GIAHS）品牌，挖掘传统农耕智慧，合理开发利用农业文化遗产的价值，采取“公司＋农户”“基地＋农户”等形式，带动农民发展种植养殖产业以实现脱贫致富。万年贡集团有限公司（以下简称“万年贡集团”）与贫困农户签订贡米产业精准扶贫优质稻收购订单，收购价格高于市场价格 0.5 元 / 千克，并开展技术、信息、农资、购销等精准扶贫服务，带动全县 1607 个建档立卡贫困户脱贫致富（占全县 22%），贫困户户均增收 3200 元以上。

背　景

万年县位于江西省东北部、鄱阳湖东南岸，境内以岗地和丘陵为主。万年种稻的历史可追溯上万年，其总面积1140平方千米，核心区为万年县荷桥村山区，种植面积300余亩。据考证，华夏原始的稻作文化由万年县稻开始，万年仙人洞与吊桶环遗址内保存着稻作遗存。万年的原始先民早就开始了饭稻羹鱼的农耕生活，此后逐步形成传统稻作生产技术、耕作习俗、农谚民谣、节日祭祀、饮食文化等独具万年地方特色的稻作文化。万年贡米现在产于该县的裴梅镇荷桥村山区，被认为是人工栽培的野生稻，其形态接近野生稻特征，芒长且坚韧，能防止鸟兽侵害和啄食。万年贡米米质优良、香味独特、软糯可口，具有很高的营养价值，深受当地百姓喜爱。万年稻作文化系统为农业农村发展提供了全新模式，在重要农业文化遗产品牌和贡米品牌的推动下，以贡米和优质稻米生产基地为基础，稻米加工产业得以迅速发展，解决当地部分人员的就业问题，有效地促进农业增效、农民增收和稻米相关产业发展。

项目实施

1. 以农遗品牌推动现代稻作农业发展

万年稻作文化系统为农业农村发展提供全新模式，以贡米和优质稻米生产基地为基础，稻米加工产业得以迅速发展。在重要农业文化遗产品牌和贡米品牌的推动下，遗产地稻米相关产业和农民生计水平得到较大改善。万年县利用世界稻作文化起源地这一独特的资源，积极将“稻作文化”这一元素更多地融入各项工作。万年县从“万年稻作文化系统”、农业遗址、农业技术、农业物种、农业民俗等方面入手，不断提炼挖掘稻作文化内涵，稻作文化的知名度得到前所未有的提升。

2. 农文旅融合推动农村经济发展

围绕着“稻作文化”万年旅游发展的核心定位，万年县撬动了一批大项目，如仙人洞、吊洞环遗址博物馆被列为万年神农源景区的一个核心旅游项目；围绕“稻作文化”，万年县投资 10 亿元升级神农源景区，建成梯田式游客中心，设立稻作标志、稻作文化体验区、稻源部落等旅游项目。万年贡集团投资 10 亿元建设的万年国米产业园已完成前期选址、规划与立项，万年国米产业园是集贡米加工、贡米酒酿造和稻作生产体验休闲于一体的产业园，其定位是建成世界第一的粮食加工产业基地。总投资 10 亿元的万年稻作文化主题公园也落户万年。

3. 农民文化自信心与遗产保护参与度

“万年贡米”的品牌效应增加当地更多新型农民从事农业生产的积极性。全球重要农业文化遗产和贡米品牌成为无形资产，通过打造知名稻米区域品牌，将资源优势转化为产业优势，传承历史文化和创造经济价值。在当地政府的积极支持下，万年县依托江西省农业产业化“双十”企业——万年贡集团，采取“公司＋基地＋农户”等运作模式，大力发展订单粮食。农民获得切实的收益，对稻作文化的自信心得到增强，也更愿意参与遗产保护。

成　效

1. 文化遗产品牌带动特色农业发展

自万年稻作文化系统成功申遗以来，其借助重要农业文化遗产品牌实现了现代农业的快速发展。采取“公司＋农户”“基地＋农户”等形式，带动农民发展种植养殖产业以实现增收致富。贡米原产地面积保持在300亩以上，裴梅镇范围内有机稻基地11 000亩，万年县粮食播种面积常年保持在大约60万亩。遗产地水稻生产大户从2009年的325户增加到2020年的1641户，水稻种植面积从11.26万亩提高到32.91万亩。稻米产量从2010年的35.98万吨提高到2019年的49.86万吨，产值从2010年的19亿元提高到2020年的41亿元。

▲ 江西万年农户在田间插秧

2. 农业绿色化、品牌化提升特色产业竞争力

万年县还鼓励和引导农业龙头企业实施品牌战略，积极申报和推介驰名商标、名牌产品、原产地域保护产品、农产品地理标志等，以提高企业的核心竞争力。截至2020年年底，

万年县市级以上农业龙头企业达到39家（2020年度新增10家），其中国家级2家、省级10家（新增1家）、市级27家（新增9家）。全县已有中国驰名商标和江西省著名商标9个，绿色食品认证、有机食品认证11个，制定实施省级行业标准1个。万年贡集团晋升为国家级农业龙头企业，入选“中国粮油企业100强”和“中国大米加工企业50强”。“万年贡米”获欧盟有机食品论证，是中国驰名商标、国家原产地域保护产品、省级地理标志产品和使用GIAHS标识产品。2020年，“万年贡米”品牌评估价值达76亿元。

3. 农文旅融合延伸产业链

在乡村旅游方面，以全球重要农业文化遗产地为品牌，万年县大力推进稻作旅游，打造一批稻作旅游示范点。结合秀美乡村建设，推进以上坊细港、汪家坑边、青云史桥等为代表的乡村旅游点建设；结合旅游扶贫工作，建设陈营镇社里村、大源镇白云村等一批乡村旅游示范点；结合特色资源，打造大源稻源农庄、裴梅神农湖山庄、荷桥贡米原产地等农业采摘、休闲度假、文化民俗体验的乡村旅游品牌。依托产业特色和资源特色，突出“乡土、乡情、乡趣、乡俗”的体验。其中，稻作旅游作为万年乡村旅游发展的核心，将农工商文旅融合起来，大源稻源农庄、荷桥贡米原产地等除提供休闲体验等乡村旅游活动、文化元素和稻作习俗展示外，还涵盖稻米种植、加工和销售。

真实故事

为进一步增强荷桥村作为特色“米袋子”的影响力，提升贡米产业的经济效益，万年县裴梅镇荷桥村“两委”在镇党委、镇政府的支持下，围绕“唱响贡米品牌”这一主题，积极举办插秧节、耕耘节、收割节，承办全县农民丰收节等特色农耕文化活动，吸引八方来客品尝贡米、体验农事，并参与制作纪录片《万年野稻的秘密》，引起新闻直播间等众多媒体的关注和报道。第54期中国科技论坛——中国稻作起源地学术研讨会，组织专家在裴梅贡米原产地实地考察。随着贡米的知名度大幅度提升，贡谷的价格节节攀升，从每百斤只高出普通稻谷几块钱上升到普通稻谷的3倍。同时，合作社建设贡米加工厂，对贡米进行精加工精包装，把产品卖到全国各地，经济效益大幅度提高。仅此一项就带动脱贫户户均增收4000元以上。

经验与启示

1. 万年贡集团产业扶贫，带动农户增收

产业帮扶措施上，万年贡集团从技术帮扶到生产资料帮扶，再到收割帮扶，形成了一整套帮扶流程。一是送技术到田间，提高单产。该集团院士工作站自成立以来，将研发的18个优质水稻品种提供给订单农户，确保粮食单产，稻田年增产约7500吨，让农民种田有盼头。二是送农资进家门，解决周转。万年贡集团通过专业合作社对农户开展农资赊销服务，将化肥等生产资料送到农民家门口，每年赊销约500万元的农资，服务种粮农户万余人，让农民种田有保障。三是送实惠到农民，方便卖粮。万年贡集团指派基地部负责引导农民种植，从种子推荐、播种、田间管理到收割服务，提供一整套帮扶措施。在收割旺季，万年贡集团免费为贫困户提供湿谷烘干和清

理，解决贫困农户劳力不足的问题，年烘干稻谷达 2 万吨。售粮时，万年贡集团逐户上门收粮，农用车开到家门口，农户在家里便可完成售粮订单，年上门收粮约 2.5 万吨。

2. 万年县裴梅镇荷桥村："贡米"铺就振兴路

一是从"散兵游勇"到"正规军"。针对"捧着金饭碗饿肚子"的现状，荷桥村"两委"坚持以产业振兴巩固脱贫攻坚成效，提出"唱响贡米品牌，打造特色'米袋子'"的发展目标，打造优质水稻种植基地之路。村致富带头人牵头成立原产地贡米农民专业合作社，注册贡米商标"雷公泉"，通过能人领办、基地示范、群众联动的模式，把农户分散经营引入现代农业规模化、正规化的发展轨道，进一步增强农产品的市场竞争力。二是"订单农业"让脱贫户吃下"定心丸"。村委员会和合作社与种植户签订订单，对所有的贡谷全部以保护价格收购，让种植户吃下"定心丸"。为扩大产业规模，荷桥村还联合万年贡集团通过订单式农业发展有机稻种植基地近 3000 亩，并辐射到周边村庄，年产值超过 700 万元。在销售方面，给种植户以每百斤高于市场价格 30 元收购的保障，并且不扣除杂质，让农户尝到甜头、得到实惠。对脱贫户，合作社则"另眼相看"，给种植贡米的每户脱贫户无偿发放 100 千克化肥，支持脱贫户扩大生产。

中津农业合作减贫示范助力内生发展

——农业农村部国际交流服务中心农业技术援助项目

案例类型： 农业技术援助

关键词： 产业扶贫，教育扶贫，合作社扶贫，可持续性

提交机构： 农业农村部国际交流服务中心，援津巴布韦高级农业专家组

摘　要

为落实中非合作论坛北京峰会领导人的有关承诺，受商务部国际经济合作事务局委托，农业农村部国际交流服务中心承担津巴布韦共和国（以下简称“津巴布韦”）第三期高级农业技术援助项目，于 2018 年 11 月派出 10 名专家抵达津巴布韦开展为期 3 年的农业技术援助工作。其间，农业农村部国际交流服务中心指导专家组利用中国扶贫经验和模式，试点建立第一个“中津农业合作减贫示范村”，以成立的农民股份专业合作社为平台，带领村民分类实施土鸡、养兔、玉米种植等产业化开发项目，建设太阳能人畜饮水工程、家禽孵化中心、农民培训中心等公益工程，并有针对性地开展带头人培训和农民实用技术培训。截至项目结束，已推动示范村 106 户实现户均年收入 1150 美元，增幅达 52%，村民生活水平大幅度提高。

背　景

津巴布韦地处南部非洲内陆，农业是该国的支柱产业。由于长期受到西方经济制裁，津巴布韦的经济每况愈下，农村村社是其最穷的地区。结合前期项目经验，在农业农村部国际交流服务中心和驻津巴布韦使馆经济商务处的指导下，集专家组智慧，选取津巴布韦西马绍兰省地区的奇里马延巴斯村，利用中国扶贫经验建设“中津农业合作减贫示范村”作为扶贫试点工程，以此推动津巴布韦扶贫工程的开展，缓解当地农村众多人口的饥荒问题。

项目实施

1. 前期准备

中国专家组开展入户调查，协调当地政府与示范户签订协议，明确当地政府与示范户的责任和义务，在充分调研的基础上广泛征求示范贫困户的意见，与津巴布韦农业部一起制订示范村扶贫方案。

2. 确定项目实施路径

该项目的实施路径如下图所示。

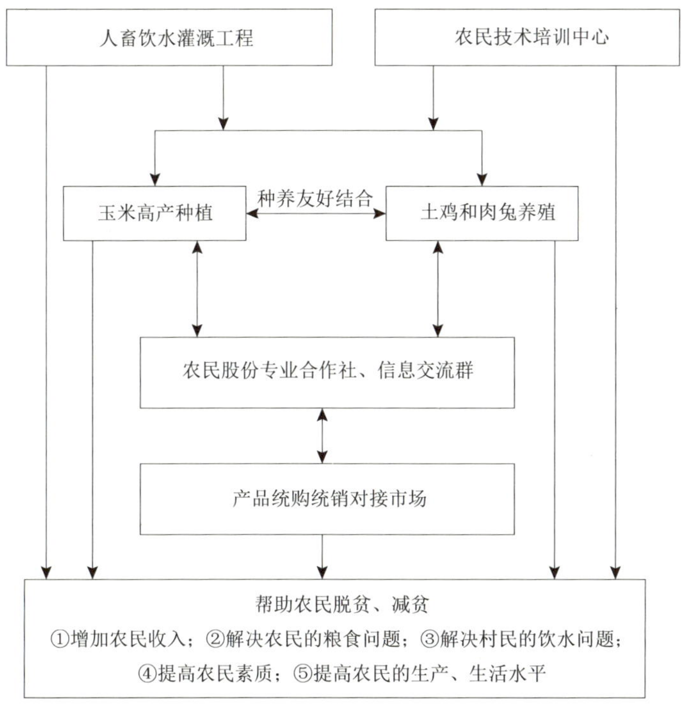

▲ 项目分项实施脱贫、减贫路径

3．产业扶贫

（1）玉米种植。专家组选取 26 户农户，为每户提供玉米种子 25 千克，耕地动力补助 50 美元，肥料 350 千克，农药 1000 毫升，石灰 200 千克。每户计划种植玉米 1 公顷。专家组对农户开展 3 次农业技术培训。由农户出劳力自行种植，其间专家组分别在播种前期的土地整治、石灰及底肥施用、播种、提苗育壮、病虫害防治和玉米机械化脱粒等方面进行现场技术指导，使用抗旱新品种、石灰改良酸性土壤、玉米提苗育壮、农家肥作底肥和尿素作追肥等配套技术。在专家组的帮助下，示范村玉米的产量从 0.45 吨 / 公顷提高到 5 吨 / 公顷，帮助农户实现从吃不饱到有大量结余的转变。

（2）土鸡、肉兔养殖。专家组选取 14 户农户饲养土鸡，12 户农户饲养肉兔。每户饲养种鸡 20 ～ 30 只（公母比例为

1∶10)，每户饲养种兔 12 只（公母比例为 1∶5)。由专家组按统一标准选购种鸡和种兔、提供建筑材料和鸡舍、兔舍设计，农户出劳力自行修建，共建种鸡舍 14 个，选购种鸡 308 只，共建种兔舍 12 个，选购种兔 156 只。专家组在合作社内建立家禽孵化中心。农户生产的种蛋交由孵化中心或养殖中心进行孵化，孵化出的小鸡由合作社统一对外销售或农户带回自己饲养。专家组创新使用土鸡选育、鸡舍兔舍新型设计、太阳能孵化小鸡、饲料配制、鸡瘟和鸡体表寄生虫防控、自动饮水装置、牧草种植、肉兔配种摸胎检查、兔肉加工等农业技术。在专家组的帮助下，示范村合作社年可生产土鸡近 3 万只，实现收入 15 万美元；可生产肉兔 5000 只，收入可达 2.5 万美元。农户多余的粮食可用于饲养土鸡、肉兔，饲养产生的动物粪便可用作玉米种植，实现种养友好结合，在技术创新同时保护当地环境。

4. 教育扶贫

专家组自抵津巴布韦以来，定期加强示范村农民的各类培训。首先，引导农民更新观念，树立独立自强意识。其次，培训农民生产技能，专家组重点培训玉米种植、土鸡和肉兔养殖技术。最后，强化农民集体意识，鼓励村民之间相互交流技术、沟通信息、取长补短，实现共同致富。

5. 合作社扶贫

专家组利用中国援助的 4 台家禽孵化设备和中国专家的技术与资金，建立兹文巴地区家禽孵化中心，并以孵化中心为平台，帮助当地规划建立兹文巴地区农民股份专业扶贫合作社。该合作社现有社员 30 户，示范户现金入股 20%，政府入股 80%，总股本 1 万美元。这不但解决了示范户种蛋的孵化问题，还可通过市场分红激发示范户主动脱贫的积极性。政府股分得的红利还可作为该村发展其他农户的滚动基金，保证示范村资金的可持续性。

成　效

（1）显著增加了示范村村民的收入，经济效益、社会效益明显。一是项目解决了该村小农户的饥荒问题；二是增加了示范村村民的收入；三是合作经济组织搭建了农民致富增收的新平台。

（2）援非试点示范村取得成功并广受关注，具有较强的可持续性、创新性和可复制性。中国技术在当地的本土化极大地提高了其应用效能和当地农业生产的技术水平。中国专家组结合中国扶贫经验的组织模式和有关做法，在津巴布韦成功建立了第一个农业合作减贫示范村，该示范村具有可持续性、创新性和可复制性。

▲ 中津农业合作示范村启动仪式

（3）为示范村可持续发展培训青年致富带头人，并对极端贫困人口进行重点关注和帮扶。在项目实施期间，中国专家组与津方联合选拔，完成7位致富带头人的全过程培训。在农民技术培训中心开展200余人次的专业技术培训，以“授人以渔、提升其自身发展能力”为目标，打造减贫示范村。

真实故事

示范户安德烈·奇林达河家住津西巴省兹文巴地区第28小区的一个村，是该村负责人和第28小区议员。中国专家到来之前，他虽然能解决温饱问题，但日子过得并不好，主要是玉米产量较低，每年玉米收成不过800千克，其他靠养牛年收入不过800美元。他有知识和技术基础，也有强烈的致富愿望。中国专家将其纳入致富带头人，通过培训和全过程技术指导方式对其进行重点培养。在中国专家的扶贫援助下，安德烈种植玉米近1.2公顷，每年玉米产量达6吨，同时建了种鸡舍1栋、兔笼36个，购种鸡30只、种兔15只。2021年，他养殖土鸡400只，收入近2000美元。在中国专家的帮助下，他掌握了玉米高产生产技术、土鸡育种、孵化育雏技术和肉兔养殖技术。安德烈信心更足了，计划扩大土鸡饲养规模达3000只，而且要带领村民把中国的先进技术、扶贫模式和先进管理经验努力推广给第28小区的其他村社农户，让第28小区的5000多人受益。津巴布韦《先驱报》以“中国专家让我走上致富路”为主题对他作了专题报道。他在写给中国专家的感谢信中写道：“作为村长，中国援助让我的很多观念发生了深刻变化，使兹文巴社区受益颇多，感谢中国援助、中国专家的先进实用技术和务实的扶贫工作。”

经验与启示

（1）农户自主自愿。对有意向参与项目实施的农户实行申报制。项目实施农户选定需以基础条件成熟且自筹资金有保障为前提。农户被选定可实施项目后，实行“自主生产、独立经营、自负盈亏、成果独占”的原则。

（2）签订协议。在项目实施前，由兹文巴地区与农户签订项目合作协议，明确各方的权、责、利。

（3）共同投资。以上实施的所有项目内容由中国项目组和示范村双方共同投资。原则上，由中方购买兴建基础设施的原材料和种畜种子，在专家组设计的基础上示范村农民出力自行修建和准备流动资金。

（4）资源整合。将农户的土地、劳动力、津巴布韦农业政策、专家组的技术和资金、市场信息全部整合起来，提高农户的粮食自主生产能力和家庭收入。

（5）种养结合。该项目实行种植业与养殖业结合，将养殖业生产的粪便作为作物肥料，利用作物及副产物饲养家畜家禽，实行循环农业，降低生产成本，保护生态环境，提高农业生产效益。

（6）中津联合培训。由中方专家组、津巴布韦农业部农技推广司和兹文巴地区农技推广站组成技术服务小组，定期举办培训班和现场技术指导，提高农户农业生产和经营水平。

（7）统分结合。成立股份合作社，实行“统分”结合的双层经营体制，由相关企业和实体牵头，成立以村社农户为主的股份合作社。村社农户负责生产，股份合作社负责注册当地农产品品牌和商标，搭建农业产业链，规范农产品加工和销售，全力提高示范村的生产经营水平。

（8）壮大集体经济。成立股份合作社，进行太阳能供水系统工程和现代农民培训中心等项目建设，壮大村社集体经济。

（9）全产业链服务。专家组邀请示范户组建信息交流群，为示范农户提供农业产前、产中和产后服务，完善产业链条。

（10）落实帮扶责任。一是建立津巴布韦农业部、当地政府、中国驻津巴布韦使馆对当地农民的帮扶机制，合作伙伴参与性强；二是在中国专家组临时党支部的组织下，专家组每个成员定向帮扶 2 ～ 3 家示范农户，在示范户子女教育、家庭生产和生活、人居环境改善等方面给予力所能及的帮助。

精耕燕麦产业，实施精准扶贫
——内蒙古燕谷坊集团武川模式案例

案例类型：产业减贫

关键词：燕麦产业，科技创新，订单扶贫

提交机构：内蒙古燕谷坊生态农业科技（集团）股份有限公司

摘　要

内蒙古燕谷坊生态农业科技（集团）股份有限公司（以下简称“燕谷坊集团”）立足于阴山北麓的内蒙古自治区武川县，精耕燕麦产业，把产业链撑宽拉长，打造出“武川模式”。武川模式的基本特征是立足“一手农民，一手市民”，以“企业＋基地＋科技＋农户”的发展模式将种植、收购和市场动态对接，以科技和创新为撬点，通过订单扶贫、产业扶贫、消费扶贫、公益扶贫四个方面实施精准扶贫。其中，订单扶贫又细分为燕麦种植订单、建档立卡贫困户订单、整村推进有机种植订单；产业扶贫主要是通过“科技产业园＋‘草原之门’文旅项目＋扶贫车间”实现；消费扶贫则通过“电商＋六代消费协议”实现；公益扶贫包括关爱助学、疫情驰援、抗震救灾等方面。

背 景

“武川燕麦”“武川莜面”是国家地理标志产品，武川县被认定为“燕麦之乡”，燕麦是武川县最具地方特色的拳头产品。随着人们生活条件的改善和生活水平的提高，传统的燕麦加工产品已不能满足人们的需求，如何使燕麦走向更广阔的天地、受到更多人的钟情成为一个关键点。

改革开放后，武川燕麦的种植面积一度近乎绝种，当地农民放弃种植燕麦，从市场上购买山西、河北的燕麦食用。2012 年，新生的本土企业燕谷坊集团瞄准“阴山后第一宝”燕麦，精心打磨，使燕麦产业由衰微变强大，打造成为武川县精准扶贫、乡村振兴最得力的抓手。

项目实施

燕谷坊集团以发展特色产业为抓手，根本路径为“农民市民两手牵，小康健康一肩担”。“一手农民，一手市民”是燕谷坊集团确立的一贯方针，是撑宽拉长燕麦产业链的基础，也是实施精准扶贫的必然途径。产品专注于市民健康，有效拓展销路，畅通的销路进一步激发“三农”的生机活力。

1. 精准“撬点”，科技创新

燕谷坊集团以科技创新提高企业效益，撬动精准扶贫。解决加工技术难题。燕谷坊集团与江南大学食品学院合作研发，解决裸燕麦全谷物加工技术的难题，实现精准加工，成功地实现了农产品价值再造，为精准扶贫、根本扶贫注入无尽的源头活水。以科技创新促进品种优选，通过科技成果转化和科企合作等方式，引进内蒙古农业大学选育的高蛋白、高葡聚糖燕麦新品种 5 个，实现武川县燕麦品种的更新换代和大面积增产。以科技创新推动燕麦栽培技术。燕谷坊集团同内蒙古农业大学开展密切合作，在武川县建设企业标准化原料基地，通过水、肥等优化栽培调控，示范推广燕麦新品种标准化栽培技术。

2. 订单扶贫，兴县富民

2020 年，以自然村为单位整村推进有机订单种植。2021 年，开始对武川县农民开展“小微订单”模式扶贫，在订单中为农户设立收购保护价格（一般高于市场价格的 30%），实现“农民不愁燕麦卖不出去，不愁价格卖不上去”。农民的燕麦种植积极性大增，户均增收 2800 多元。订单农户由 2015 年的 118 户发展到 2021 年的 5120 户，订单基地面积由起初不足万亩扩大到 15 万亩。

2018 年，燕谷坊集团给予武川县建档立卡贫困户 18 元 / 亩的收割补贴，20 元 / 吨的销售运输补贴；2019 年给予建档立卡贫困户燕麦种植补贴 60 元 / 吨，收割补贴 90 元 / 吨，拉运补贴 20 元 / 吨；2020—2021 年给予建档立卡贫困户种植补贴 150 元 / 吨、收割补贴 150 元 / 吨、运输补贴 150 元 / 吨、收购补贴 300 元 / 吨（以实体购物卡形式发放），即每户建档立卡贫困户可享受补贴 750 元 / 吨。让利燕麦兑换燕谷坊莜面，兑换比例为 1∶0.95（1 千克燕麦原粮兑换 0.95 千克莜面），每千克燕麦原粮增值 2.65 元。几年来，收购差价各项补贴 600 多万元。燕麦订单种植贫困农户占全县种植贫困户的 56%。

2020 年，以自然村为单位整村推进有机订单种植。有机燕麦订单种植收购价格第一年 5.2 元 / 千克，第二年 6 元 / 千克，第三年 8 元 / 千克。轮作倒茬种植马铃薯订单收购价格 1.8 元 / 千克。落实 2 个村，共签约 55 户，其中建档立卡贫困户11户。有机种植面积2800亩，户均可增收1.2万元。稳固的利益联结机制不仅增加农户的收益，也为企业建立稳定的原料基地奠定良好的基础。

订单种植拉动当地燕麦的市场价格，带动燕麦播种面积的扩大，促进农业种植业结构调整，有效解决市场化形势下农民卖粮难的问题，促进农民持续增收和粮食质量安全。

3. 产业扶贫、就业扶贫

2019年，燕谷坊集团加入呼和浩特市百企联百村精准扶贫项目，充分发挥企业的自身优势和社会资源，结合当地资源禀赋，以特色农产业找准切入点，发展特色产业。具体措施：对帮扶村没有劳动能力的建档立卡贫困户种植燕麦享受全产业链服务，引入农户与农户、企业与农户"双互助制"，实行"七代"，即代种植、代锄草、代收获、代拉运、代储存、代加工转化、代销售。其他农副产品消费实行平台代销制，分类定价代销。

投资项目延伸产业链条，如深加工项目、文旅发展项目。"十四五"期间，燕谷坊集团以村集体经济混改、农民土地入股、利益分配等方式，参与投资建设黑沙兔村及周边2万亩旱作有机农业示范园区。

在继续实行订单的基础上，与贫困村签订共同建设扶贫车间协议，为低收入群体和特殊群体提供就业机会。

4. 消费扶贫，多方共赢

燕谷坊集团通过天猫、淘宝、832平台、味来智选等多种电商渠道，为乡村好产品打通销路。通过挖掘地方资源优势，引导社会各行业积极参与，以展销对接等市场化的方式带动武川县农产品销售，进而实现脱贫致富。燕谷坊集团对农民采取签订精准消费扶贫协议，对订单贫困农户负责“六代”托管，即代加工、代储存、代发货、代销售、代收款、代开票。

成　效

1. 产业助贫

燕谷坊集团的技术创新使武川县被列为“一县一业”建设重点县，在支持武川县燕麦产业发展的同时，助力“内蒙古武川燕麦传统旱作系统”入选农业农村部第六批中国重要农业文化遗产名单。以自然村为单位整村推进有机订单种植，解决了农民对接大市场的难题，增加农民种粮的积极性。燕谷坊集团在武川县大力发展特色农业、生态旅游，打造以燕麦加工工厂、马铃薯加工工厂、燕谷坊大厦等为主体的燕谷坊工业游线路，构建具有草原特色、全域化、生态化的旅游体系。作为全国首个全谷物科技产业园，“草原之门”文旅项目是武川县经济发展、产业调整和升级的重要力量，担负着聚集创新资源、培育新兴产业、推动城镇化建设等一系列重要使命，也是燕谷坊集团积极助推并融入“一带一路”建设的重要成果。

2. 就业助贫

2019 年 9 月，在继续实行订单的基础上，燕谷坊集团与武川县 9 个乡镇 33 个贫困村签订共同建设扶贫车间协议，涉及贫困户 1681 户 3362 人。

3. 消费扶贫

2020 年，消费订单农户 115 户，其中建档立卡贫困户 32 户，收购燕麦原粮 301 吨，可兑换莜面 267 吨，实现销售收入 187 万元，户均销售收入 16 260 元，户均增收 4897 元，较市场价格增收 5722 元。2021 年，消费帮扶订单农户 208 户，代加工原粮 460 吨，代销农产品 408 吨，代销金额 286 万元，较原粮增值 169 万元。

实施消费扶贫，燕谷坊集团的产品变成订单农户的产品，订单农户的燕麦产值和收益增加 30%，户均种植燕麦增加收入 8000 元。

经验与启示

1. 优价是订单农业成功实施的保证

通过天猫、淘宝、832 平台、味来智选等多种电商渠道，为乡村好产品打通销路。实施消费扶贫，公司的产品变成订单农户的产品，订单农户的燕麦产值和收益增加 30%，户均种植燕麦增加收入 8000 元。优价方式是促进订单农业发展的重要因素。

2. 农业社会化服务体系有助于减贫

当前，贫困户因病致贫、因缺少青壮年劳动力致贫的较多。企业为没有劳动能力的建档立卡贫困户种植燕麦提供全产业链服务，通过代种植、代锄草、代收获、代拉运、代储存、代加工转化、代销售等社会化服务方式，降低了贫困户的生产和销售成本，增加农户收入。

“产业技术+数字技术”重塑粮食产业链
——中化农业的安徽阜南县实践

案例类型：产业减贫

关键词：数字农业，智慧农业，小麦产业

提交机构：中化现代农业有限公司

摘　要

安徽省阜南县虽然作为农业大县，但是农业大而不强，农业产业特别是小麦产业转型升级面临多重难题。2019年，中化现代农业有限公司（以下简称“中化农业”）以产业技术和数字技术为核心，结合阜南县产业发展基础推广现代农业平台（Modern Agriculture Platform，MAP）产业减贫模式，通过为脱贫农户筛选优质品种、提供全程技术解决方案、推广MAP智慧农业系统，实现良种配良法，提高农业经营效率和抗风险水平，促进产业增效、产品提质、农民增收。

背　景

安徽省阜南县作为农业大县，但农业大而不强，农业产业特别是小麦产业转型升级面临多重难题。一是品种品质提升难。阜南县小麦种植户地块分散，种植品种杂乱，种业乱象频发，种子质量参差不齐，导致产品质量不佳、供应不稳、价格

不高，种植与加工用粮供需错配。二是经营效率提高难。阜南县是劳动力输出大县，务农劳动力有限，导致田间管理粗放，劳动生产率及小麦单产水平均不高。三是病虫害全面防控难。四是产销市场对接难。中化农业入驻以后，在阜南县政府的指导下，着重解决品种不行、效率不高、市场不通、现代化水平不够等问题。

项目实施

1. 政企合作，推进“零散地”变“规模田”

面对散户经营为主、种子品种繁杂、产品品质不均的产业发展现状，中化农业与国家粮食和物资储备局、阜南县委县政府通力合作，通过反复多次的田间调查、政策宣讲、产品推介、技术指导，联合构建政策引领、企业服务、集体托底的保障机制，运用“公司＋合作社＋基地＋农户”模式建立利益联结，组织脱贫农户加入 MAP 生产托管，在不改变耕地经营权的前提下，实现土地规模化、集约化经营，进而为统一规划、品种优化、技术升级、标准生产奠定组织基础，为种植效益整体提升提供前提。

2. 科技示范，“做给农民看、带着农民干”

经过反复试验试种，中化农业从阜南县 160 多个小麦品种中优选 5 个优质小麦品种在全县集中推广，有效解决小麦品种多、乱、杂的问题。立足优选品种生长的关键节点，中化农业围绕小麦防倒伏、精准施氮、病虫害绿色防治等关键技术，开发全程定制化技术方案，组织开展新品种、新技术观摩交流，免费向脱贫户输出技术研发成果，实现良法配良种。在此基础上，中化农业建设 5000 亩示范农场，推广统一组织土地、技术方案、机械作业、金融保险、烘干收储、培育品牌的“六统一”模式，利用现代化、数字化工具指导农民科学种田，真正做到“做给农民看、带着农民干”，实现小麦亩均增产超过50 千克。

▲ MAP 农艺师正在进行田间指导

3. 数字驱动，实现小麦产业“换道超车”

中化农业自主开发数字农业平台——MAP 智慧农业系统，并为脱贫户免费提供遥感巡田、农田精准气象、病虫害预警和病虫害 AI 识别、线上农事管理、线上农技培训等服务，助力小麦种植摆脱传统生产方式，加快进入现代化产业发展轨道。“GIS 遥感”让小农户有了“千里眼”，“精准气象”让农业从“靠天吃饭”到“知天而作”，“精准种植”实现病虫害精准预警和精准施策。

▲ MAP 阜南技术服务中心

4. 链条延伸，贯通小麦“收储加”环节

一是提升小麦收购效率。中化农业在阜南县联合烘干企业、粮食集并人等 230 个成员组建粮食经纪人联盟，组织粮食收购专题培训，打造专业化“收粮团队”，建立订单农户和粮食经纪人联盟成员售粮绿色通道，优化结算体验，提升优质粮食回收效率。二是盘活乡镇闲置粮库。中化农业采取委托收储方式，在阜南县 9 个乡镇盘活近 6.8 万吨闲置仓容，开展分品种分仓储存，持续提高科学储粮水平和品质保障能力，切实提高储备粮质量，增加绿色优质粮油产品有效供给。三是引导产业链上下游集聚。联合当地库点、属地加工企业、本土销售合作方，建立粮食产业化联合体。引导龙头企业滨州中裕食品有限公司落户阜南建设食品加工厂，赋能阜南众合面业制品有限公司等中小型面粉加工厂生产优质产品，提升优质小麦就地加工转化水平。在此基础上，推动小麦产业转型升级。

5. 线上线下相结合，推动“好品质”卖出“好价钱”

一是推广优质粮食产品全程品控溯源体系。全程品控溯源系统可实现小麦种植、仓储、加工、质检、物流、销售等关键节点信息上链，为优质粮食背书，建立消费者信任，促进品牌打造，实现品牌溢价。二是依托熊猫指南为优质粮油产品品牌赋能。通过旗下熊猫指南打造的“中国优质农产品榜单”为上榜粮油产品提供品牌策划、宣传推广和渠道对接等服务，免费搭建电商平台，将流量转化为销量，同时邀请国内外权威媒体重点报道榜单产品，多维度为优质粮油产品品牌赋能。三是拓宽优质粮食产品销售渠道。开设好粮油线上直营店，打造线下展销店，集中展销优质农产品榜单上榜和“MAP beSide”背书的优质小麦产品，扩大产品销量，打造品牌优势，实现优粮优销。

成　效

1. 统一小麦品种，实现标准化种植

基于科学严谨的试验示范，引导农户将阜南小麦品种从 160 多个浓缩为 5 个优质高效品种，打破阜南县小麦市场销售品种多、单品种纯度低、质量参差不齐等产业发展瓶颈。同时，通过示范产业技术及数字技术综合解决方案，推广“六统一”经营管理模式，带动分散小农户开展规模化、标准化种植，助力阜南小麦产业的发展壮大。

2. 克服极端天气及病虫害影响实现增产提质

开展统一技术措施、统一机械作业的标准化服务，实现产量、品质“双提升”。

3. 促进产销对接帮助农民卖出好价钱

中化农业通过小麦品种集中供应，一方面大幅度降低农民的种子采购成本，另一方面通过提高种子质量保障小麦品质的均一性、稳定性。与此同时，中化农业与中粮集团有限公司、滨州中裕食品有限公司等大型粮食加工企业及县域中小型企业提前锁定订单，组织农户按照订单要求开展标准化种植，并在市场价格的基础上溢价 5% 以上定向回收，实现适销对路的优质粮食产出占比超过 90%，收购价格高于市场价格 0.1 ～ 0.16 元 / 千克，成功帮助农户实现卖出好价钱。

4. 坚持绿色发展推动小麦产业的可持续发展

中化农业通过高标准耕作、测土配肥、有害生物综合防治等措施，改善小麦生产对土壤的扰动，以 MAP 数字化管理工具指导种植者生产管理，为耕地资源保护提供技术支撑。同时，中化农业通过集中推广提质增效、轻简化、可持续的种植技术和产品，MAP 服务农户的化肥、农药农学效率分别提高 55.89% 和 29.26%，碳排放量减少 16.21%，同时农产品优质化率提高 1.71 倍，助农增收 8% ～ 15%。

5. 助力巩固拓展脱贫攻坚成果同乡村振兴有效衔接

在中化农业的服务下，阜南全县增加近 1 亿千克优质粮食供给，60 万亩优质小麦每亩助农增收约 200 元，盘活近 7 万吨闲置仓容，带动 3 家经营惨淡的粮库粮所转型发展，聚集 74 家农民专业合作社分工协作，推动巩固拓展脱贫攻坚成果同乡村振兴有效衔接。

真实故事

在铁器农耕主导的传统农业中，男性因体力优势在经营管理中更胜一筹。如今，数字化工具与农业深入结合，让女性也能独当一面。阜南县苗集镇苗集村的张敏子就是这样的女性。中化农业入驻前，张敏子全家收入以丈夫务工所得为主，她在照顾家庭之余，粗放经营家中的几亩地，种地收入不过万元。中化农业入驻后，她成为 MAP 智农系统的第一批用户，通过手机 App 进行巡田、查看作物长势及病害情况，并根据 App 提供的用种、植保、收获方案及时安排农事作业。目前，她经营的土地面积已经达到 400 亩，在阜南频频降雨、赤霉病高发的情况下，通过数字化、专业化的工具及中化农艺师的指导，她的小麦亩产仍然超过 650 千克，容重 790 克 / 升以上，呕吐毒素控制在 100 ～ 200 微克 / 千克，实现小麦产量、质量双丰收。

经验与启示

1. 构建现代化农业技术服务体系

中化农业在阜南县构建纵向到底的县、乡、村三级助农体系，作为服务推进的主要抓手。

2. 坚持技术创新核心能力建设

以“提质增效、助农增收”为重点研发方向，关注下游市场需求，开发核心技术方案，为品种培优、品质提升、品牌打造和标准化生产提供科技支撑。

3. 提升农民对现代科技的接受能力

重视提升服务对象对新技术、新产品、新方案的接受能力。着力提高农户对产业技术和数字技术的接受采纳水平。

4. 加快推广粮食产业减贫样板

通过“阜南样板”的打造，发挥粮食产业扶贫的示范引领作用，复制推广“阜南模式”，巩固拓展脱贫攻坚成果，实现优质粮食工程与乡村振兴的有机结合。

小产业铺就乡村致富路
——国家能源集团帮扶苹果、挂面产业发展项目

案例类型：产业减贫
关键词：定点帮扶，利益联结
提交机构：国家能源投资集团有限责任公司

摘　要

陕西省米脂县和吴堡县是原国家级贫困县，也是国家能源投资集团有限责任公司（以下简称“国家能源集团”）定点帮扶县。2002 年以来，国家能源集团紧密结合两县域特色和经济发展现状，秉持精准扶贫方略，找准产业帮扶切入点，通过培育壮大米脂县山地苹果和吴堡县空心挂面产业项目，推动两个落后的“乡土产业”成为当地县域经济的第一增长点，促进区域协同发展，成功助推两县于 2019 年脱贫摘帽，打通乡村振兴“致富路”，超过 4 万名贫困人口受益。

背　景

米脂县位于全国 11 个集中连片特殊困难地区之一的吕梁山区，属于国家扶贫开发工作重点县和革命老区县，区域内丘陵沟壑纵横，造成交通的相对落后和信息的相对闭塞，从而导致经济发展困难。2015 年以来，米脂县按照“果业主导、多

业并举”的农业产业化发展思路，把山地苹果作为全县的主导产业，但苹果栽植基础设施滞后、管理技术落后、存储运输销售难等问题严重制约苹果产业发展。国家能源集团紧密结合当地区域经济发展规划，把培育壮大米脂山地苹果产业作为切入点，从基建、技术、管理等环节入手进行帮扶，持续发力，久久为功，助推当地苹果产业发展。

吴堡县加工手工空心挂面的历史悠久，其制作工艺无任何文字记载，仅靠一代代人心口相传，形成完整的工艺体系和独特的膳食文化，其面条细如丝、茎直中空、下锅不糊、筋道味美，2012 年获“陕西省非物质文化遗产”。21 世纪初，由于农村劳动力大量外出务工转移就业，到 2008 年该县手工空心挂面加工户只剩五六户，几乎到了失传的地步。为了让非遗技艺文化得以传承，并发展成一门独具特色的富民增收产业，吴堡县出台各项政策，鼓励村民建立、扩大作坊生产挂面，既帮助村民实现经济增收，又保护和传承非遗文化。随着手工挂面的兴起，吴堡县委、县政府在全民创业活动中连续数年对挂面加工户进行扶持，村内部分在外务工群众看到脱贫致富的希望，决定回乡自主创业，但由于资金来源渠道较少，缺乏标准化、规范化、现代化的生产工艺，无法形成规模性的生产。国家能源集团发挥中央企业的担当精神，将吴堡空心挂面作为“一县一策”主导产业，因其品牌影响力较大、市场认可度较高、产业基础好、就业带动强，具有一定发展优势，有潜力成为富民强县产业，所以确定开展东庄村手工挂面厂帮扶项目。

项目实施

2012 年开始，国家能源集团启动帮扶米脂县山地苹果产业项目。围绕脱贫攻坚的要求，优先扶持贫困村、贫困户发展山地苹果，开创“产业+就业+消费”扶贫模式。先后投入300多万元，实施米脂县石沟镇标准化苹果项目、石沟镇党塔村志宏苹果合作社储藏框架及引水管道项目、果树技术人才培训项目等，打通苹果产业发展“梗阻”。在苹果产业发展中，让贫困户入股分红，优先吸纳贫困户就地就业。在苹果销售过程中，充分利用国家能源集团分公司的消费潜力，通过发动个人购买、发放节日“大礼包”、扶贫窗口消费等，累计购买米脂县山地苹果近600万元。

在国家能源集团的帮扶引导带动下，米脂县大力开展山地苹果的质量监测、预测预警、营销宣传等具体措施，积极应对自然和市场风险，不断加强对果业生产的安全保障，推动果业持续健康发展。认真开展农产品质量安全抽检、“三品一标”和良好农业规范认证工作，已完成良好农业规范认证13家、有机认证12家。设立多要素气象灾害监测站32个、人影作业点9个，通过气象预报、预警、信息发布、传播等手段，实现气象灾害风险有效预警，确保果业自然灾害有效防范。建立中国社会扶贫网·米脂县电商扶贫实践基地，把电商在线销售作为苹果营销的重要途径，联合阿里巴巴打造电商平台，发展果品电子商务和果品物流业，利用“农高会”“中国东西部合作与投资贸易洽谈会”及各地食品博览会、果品推介会等，积极营销宣传，切实提高米脂果业的市场占有率。通过人才驱动，技术力量不断壮大。采取“请进来、走出去、传帮带”的方式，推进果业技术人才队伍建设。从延安及本地招聘苹果土专家6名，作为米脂县果业技术指导的主要力量，实行专人包抓模式，常年蹲点在果园进行技术指导，对每个示范园都进行“号脉把关”，围绕品种结构、栽植管护、提质增效、灾害防控等关键要素进行指导。同时，建立果农技术指导微信群，让专家们与果农通过视频、图片和文字实时在线交流指导，并以农业广播电视学校为依托，聘请有权威的果树专家来米脂为果农进行理论与实践培训，并进行考核，向考核符合条件的农民颁发农民职业技术资格证书，累计培训初级职业农民 550 名。通过公益专岗壮大技术力量，招收 46 名公益性岗位人员进入果业系统，赴西北农林科技大学进行为期一年的果业技术专业学习培训，现已全部分配到 5 个镇区域农业技术推广站，技术员实行包村包园，确保技术指导镇不漏村、村不漏园。米脂县农技人员探索出的“七个一”（挖一个大坑、上一筐有机肥、施一碗磷肥、选一株壮苗、浇一桶水、覆一张地膜、栽一根竹竿）苹果栽植技术得到省市果业部门的认可，并在陕西省范围内推广。目前，米脂县发展山地苹果产业有 4655 户 14 073 人。预计到“十四五”末期，米脂县山地苹果的种植面积将达到 30 万亩，总产值将达到 30 亿元，仅果业一项可实现人均收入超 1 万元，奠定与全国一起同步够格进入小康的产业基础。

▲ 米脂县志红苹果园的苹果长势喜人

在吴堡县空心挂面产业方面，为了能让更多的群众享受挂面带来的“红利”，发展壮大村集体经济，在国家能源集团的帮扶下，东庄村将发展产业作为主导和支撑，利用吴堡空心手工挂面的品牌优势，成立东塬农产品加工开发有限公司，大力实施手工挂面加工项目。手工挂面厂占地面积 10 亩，项目总投资 855 万元，主要建设生产厂房 1283 平方米及电力、水源井等配套设施，其中办公区域建房 20 间，生产区域有和面室 2 间、加工室 4 间、风干室 2 间、储物室 1 间、包装室 2 间、厂房及配套加工机器设备等。针对挂面厂资金短缺的难题，国家能源集团帮扶资金 500 万元。

由于吴堡县旱灾发生频率较高，东庄村处于水资源严重短缺的状态。2020 年，国家能源集团在安全饮水方面计划投入 1000 余万元新建饮水工程和应急水源，帮村民解决生活饮水安全的难题。在此基础上，东庄村积极向上争取，在挂面厂对面新建机井一处。该机井不仅可以帮助附近居民解决用水困难，而且用于挂面厂生产，解决挂面厂因水资源短缺带来的问题。

吴堡县经多方咨询、详细考核，确定在生产技术上聘请张家山镇空心手工挂面传承人全面负责生产加工和质量把关，可以确保产品既传承传统手工技艺，又能符合当下对健康、安全饮食的需求。如今，挂面厂可生产普通挂面、果汁挂面、蔬菜汁挂面、草药挂面等各种空心手工挂面，年总产值可达 800 万元。同时，作为吴堡县贫困劳动力就业创业基地，县人力资源和社会保障局联合陕西新东方烹饪学校在挂面厂开展两期空心手工挂面制作技能培训，培训人数 107 人，提高贫困群众就业创业、实现脱贫致富的能力。

▲ 东庄村手工挂面厂工人制作的挂面

截至 2023 年 1 月 5 日，吴堡县常年挂面生产经营户 80 户 500 人左右，其中拥有标准化生产厂房的挂面加工厂 10 余家，全县挂面产量达3800吨，可实现年销售收入6300余万元。在品牌使用上，东庄村股份经济合作社作为吴堡县“们吴堡”区域公共品牌成员企业，统一采用“们吴堡”品牌标识。

吴堡县全国团体标准信息平台发布《吴堡手工空心挂面原材料选购标准》《吴堡手工空心挂面产品加工标准》《吴堡手工空心挂面产品流通规范》，进一步规范吴堡县手工空心挂面的生产加工、质量把控及流通管理。聚焦手工空心挂面非遗文化特色，在岔上古镇驿站打造一处集展示、加工、销售于一体的手工空心挂面非遗文化示范园，促进形成乡村旅游与非遗文化融合发展的新业态。顺应市场研发新产品，根据市场需求，推动挂面产业向精细化、多样化升级。借助网络平台和新媒体手段推广挂面品牌。鼓励企业、个人在淘宝、抖音、快手等电商平台销售空心挂面，打造网上“空心挂面节”。获批吴堡空心挂面地理标志。

国家能源集团除了在资金方面援助外，还以消费帮扶为突破口，积极帮助东庄村手工挂面厂做大做强。自2018年运行以来，国家能源集团每年组织各子公司在东塬农产品加工开发有限公司举行认购仪式，并常态化动员党员干部、员工群众参与消费帮扶。东庄村股份经济合作社采取统一订单、市场零售和电商平台相结合的方式，通过国家能源集团的牵桥搭线，将“爱心大礼包”的一部分通过消费帮扶方式销售，同时积极推向市场批发零售，目前产品已销往山西、北京、江苏多地。

成 效

通过国家能源集团的帮扶，米脂县的山地苹果和吴堡县的手工空心挂面都已成为两县经济的第一增长点。两县于2019年均已退出贫困序列，超过4万名贫困人口受益。特别是吴堡县东庄村于2018年实现脱贫出列，村民人均可支配收入从2015年的不到6000元增加到2022年年底的15 500元。

真实故事

红湾村贫困户牛称青在挂面厂上班，每每谈起这份工作，都笑得合不拢嘴。她说：“在挂面厂干了6个月，收入近2万元，主要是离家很近，还方便照顾孩子。”

东庄村村民尚树英在挂面厂从事分面、扯面、挑面等工作，进厂3个月就赚了9000多元工资，生活也越来越富裕。她说：“这跟以前背井离乡在外务工的生活相比有了翻天覆地的变化，身着工作服在固定地点上班，每天都可以回家。有一份稳定的工作比什么都重要，在这里上班不用担心重新找工作。”对在乡镇工作生活的妇女来说，工作是生存生活的坚实保障，更是追求美好生活需要的关键。

经验与启示

1. 实施产业帮扶，必须做大做强区域特色产业

米脂县和吴堡县充分依托得天独厚的自然、文化资源禀赋，突出特色，精准发力，不断发展壮大山地苹果和手工挂面产业，培育品牌，规模化发展，实现产业由小到大、由弱到强的跃升。特别是吴堡手工空心挂面，多次荣获“陕西省非物质文化遗产”的殊荣。实践证明，只有立足区位优势，做足特色文章，大力发展优势产业，才能持续增加农民收入，切实增强产业扶贫的广泛性、带动性和持久性。

2. 实施产业帮扶，必须发挥群众的主体作用

面对繁重的帮扶任务，要自始至终把调动贫困群众的积极性、主动性作为产业帮扶开发的力量源泉，扶志扶智扶技并举，坚定信心，从根本上激发贫困群众致富的内生动力。吴堡县手工空心挂面厂是东庄村集体经济项目之一，按照“党支部＋电商＋集体经济＋贫困户”的模式，采用标准化、规范化、现代化的生产工艺，由东庄村股份经济合作社负责日常管理和运营。通过务工、分红和贫困户专股等形式带动东庄村农户及周边村贫困人口受益，促进村民实现稳定增收。实践证明，只有坚持因户因人制宜、分类施策、靶向发力，才能把产业扶贫工作不断推向前进。

3. 实施产业帮扶，必须破解销售难题

始终把畅通销售渠道摆在突出位置，积极寻求与国内战

略投资者及大型代理经销企业深度合作，借助国家能源惠采商城、国能 e 购、832 等线上平台，采取统一订单、市场零售和电商平台相结合的方式，将部分产品组成“爱心大礼包”的一部分通过消费帮扶方式进行销售，积极推向市场批发零售，借助先进的营销理念和成熟的销售平台，着力提高农产品的铺市率和铺货率。主动融入新时代电子商务潮流，综合采用直播营销、网店运营等方式，推动线上线下销售齐头并进。

脆弱性群体

亚洲开发银行支持的印度农村连通性投资计划项目

案例类型：基础设施建设

关键词：农村公路建设，妇女赋权

提交机构：亚洲开发银行

摘　要

亚洲开发银行的“农村连通性投资计划”（RCIP）是一个多级融资机制，旨在协助印度共和国（以下简称“印度”）的国家农村公路计划，包括项目 3 在内的 RCIP 设想在参与国减少贫困和匮乏，实现包容性社会经济增长。农村连通性投资计划第 3 期有助于增强所覆盖的贫困农村社区的妇女能力。项目 3 建设和升级 5765 千米的选定农村公路，使 5 个参与州的 2866 个农村居民点受益。RCIP 和项目 3 的性别战略采取多管齐下的方法，重点是采取措施通过平权行动、在决策和规划中的公平代表权、促进性别平等的监测及专门的人力资源提供平等的就业机会。该项目通过在熟练和非熟练的道路建设中创造就业机会，在经济上赋予妇女权力，33% 的建筑工人是妇女，帮助女户主家庭与现有的与扶贫、社会保障和经济赋权有关的政府发展计划或方案建立联系，如《圣雄甘地全国农村就业保障法》、农村住房计划、农业信贷计划、政府补贴计划及卫生和养老金计划等，在道路设计过程中征求妇女的意见，并将其纳入申诉处理委员会。改善农村道路的益处是更好地实施和获得健康、教育、粮食安全和营养计划，增加自助团体的经济机会和其参与农业工作的多种机会，妇女和女孩儿的安全流动，改善获得社会和经济基础设施的机会及改善环境卫生基础设施。

背　景

2011 年，印度的农村人口占总人口的 68.84%。大多数村庄缺乏基本的基础设施，与主要公路网的联系也不紧密。为了解决这个问题，印度政府于 2000 年启动全国性的国家农村公路计划，通过向印度农村符合条件的居住地提供全天候道路来改善连接性。项目 3 于 2019 年 12 月 31 日完成，建设和升级 5765 千米的优先农村道路，使阿萨姆邦、恰蒂斯加尔邦、中央邦、奥迪萨邦和西孟加拉邦等项目州的 2886 个农村居民点受益于全天候标准。预期的影响是在 5 个 RCIP 邦实现包容性的社会经济增长，改善通往市场、地区总部和其他社会经济活动中心的交通，改善农村社区参与的农村道路设计、改善和持续的农村道路维护、改善道路安全，以及通过对顾问和承包商工作人员的培训、认证加强机构能力。项目 3 制订一个性别行动计划（GAP），以促进妇女参与项目的规划、设计和实施，最大限度地提高妇女获得道路建设和维护的利益，并提供机会提高妇女的技能、收入和参与决策。

在项目准备期间进行社会调查，以确保受影响社区的所有关切得到解决。在对所有项目道路进行评估时，与道路沿线的农村社区进行磋商，即“横断面行走”，有 43 657 人参与，包括妇女。他们认为改善农村连通性会带来一些社会经济效益，如改善交通、增加收入、增加妇女和女孩儿的机会与安全、更好地获得就业机会和社会服务，以及工业发展。

项目实施

项目干预措施包括让妇女和特殊的女户主家庭参与进来的内置机制，以确保农村公路建设给她们带来的关键利益。这是通过以下方式实现的。一是确保妇女参与横断面行走，以确定道路走向；二是建立申诉处理委员会，其中女性成员必须达到 30% 的配额；三是在合同文件中纳入在所有施工中停止使用童工的规定；四是建立女户主家庭与政府扶贫和生计恢复计划之间的联系；五是纳入老人、妇女、儿童、残疾人特征，如在道路设计中纳入环境卫生与发展的特征（如减速带、隆起带、斑马线、警示或信息标志、防护石、用作安全侧道的路肩等），以及确保社区参与（包括学校儿童）道路安全意识运动。可证明的环境友好型建筑做法和机构能力建设，如使用综合网络解决方案进行有效培训，也增强了项目的相关性。项目试行并推广几种环境友好和成本效益高的施工方法，如在选定的路段使用冷拌沥青、辊压混凝土铺设和塑料垃圾铺设。

成　效

正如所设想的那样，农村连通性投资计划带来了包容性的社会经济增长，并减少贫困和匮乏。改造后的道路在运营的第一个整年中记录的车辆日均公里数为 1 916 252 公里。项目道路上车辆的平均行驶速度从每小时 10 ～ 15 千米提高到每小时 25 ～ 30 千米，改善了农产品的市场准入。全天候连通性的改善最大限度地减少居民区的水灾，从而提高生活质量，增加获得经济和发展利益的机会。纳入一个为期 5 年的基于绩效的维护合同，确保道路的全年可持续使用。项目还影响以妇女为中心的传统职业的扩大和增长，并使妇女团体有能力要求提高她们所开发产品的价值。根据最新的可用数据，多级融资机制的影响指标显示出大幅度的改善：2018 年婴儿死亡率减少 26.46%，2020 年安全分娩率增加 16.11%，2020 年免疫接种率增加 41.51%，2018 年就业率增加 14.79%，2016 年投资项目州的农业收入增加 12.85%。

其他有关性别平等的具体成果如下。

（1）妇女的经济赋权。所有 RCIP 州共有 410 745 名建筑工人，其中 149 546 名为女性（占比 36.4%）。这表明一种发展的观点，即这种传统的男性工作也正在成为女性的就业领域。

（2）领导和决策方面的性别平等。申诉处理委员会培养了妇女的能力，使她们能够与承包商就其工作权利进行谈判。更好的道路也使贫困妇女和女孩儿的生活更加舒适。妇女在乡村申诉处理委员会中的代表权使其能够影响道路设计、路线、投诉的纠正、社区参与道路建设和维护。妇女和女学生开始骑自行车上学。当地妇女也能更好地获得其他便利设施、服务和机会。

（3）运输部门人力资本发展中的性别平等。性别能力建设倡议影响了与项目实施部的责任分配有关的决定，如中央邦蒂卡姆加尔、贾巴尔普尔和维迪莎的项目实施部将女性初级工程师派往现场，挑战传统的性别规范和定型观念。这产生了涟漪效应，由于女性现场工作人员的存在，女性社区对宣传项目的参与成倍增加。村里的妇女可以自由地参加会议，而传统上只有男性能参加。

（4）为特殊的家庭和个人采取平权措施。在每条项目道路上确定特殊受益人，并评估他们的需求。该项目帮助 100% 的被确认的女户主家庭与政府的扶贫、社会保障和经济赋权相关的发展计划相联系。865 名特殊群体人员和家庭主妇与中央政府、州政府资助的发展计划建立联系。

故事 1

恰蒂斯加尔邦巴斯塔区的申诉处理委员会成员拉塞拉-贝说："申诉处理委员会成员资格帮助妇女，包括我，平等地获得 RCIP 的利益。作为申诉处理委员会成员，我有能力在道路建设中促进女工的利益。来自道路建设的定期工作为贫困妇女，尤其是来自最贫困地区的妇女提供收入和新技能，以便在其他项目中获得更多工作。宣传计划及与项目工作人员和利益相关者的定期互动让我们了解了自己的权利。我们学会让承包商对工人应得的标准服务负责，如健康检查、急救箱、饮用水、个人防护设备和男女分厕。我们还意识到，自己有能力应对道路建设造成的内涝和拥挤的排水系统带来的社会、环境与健康问题。我们动员公路沿线的社区，传播有关水卫生和健康的信息。许多妇女和儿童将使用该项目下修建的道路前往学校、安哥瓦迪中心等。因此，我们提出需要减速器和标志牌的地点。在这个项目之前，我们在政府管理的计划和地方自治方面有经验，但 RCIP 的干预措施响应了我们的需求，并赋予我们权力。"

中央邦卡贡区申诉处理委员会成员昌德拉坎塔-白说："村里申诉委员会培养了我们的能力，使我们能够与承包商就在项目支持的道路建设工程中的工作权利进行谈判。我们还为自己社区的其他人进行宣传，让他们工作。我们意识到在工作场所对妇女有单独的规定，并对此提出要求。这些要求是安全夹克和头盔、专用厕所、健康检查，因为我们知道妇女、儿童和老人是脆弱的。我们建议在特殊群体经常去的地方（如安哥瓦迪中心、学校等）修建隆起带。我们获得足够的信心来了解背景，并着手处理其他社会问题。”

故事 2

钱德里卡德卡女士是卡拉巴里村帕特里哈特初级卫生中心的一位委派社会健康活动工作者。她说：“我陪同孕妇到最近的医院进行疫苗接种和定期检查。在修路之前，把她们送到医疗机构接生是一项烦琐的工作。救护车无法进入道路，特别是在夜间和雨季。为了获得基本的医疗服务，附近的妇女不得不经常忍受劳累。即使平时妇女也不得不从家务中抽出半天时间，从家人或邻居那里找一个人来照顾她们的孩子、老人和牲畜。由于缺乏支持系统，她们经常会错过约会，但我现在松了一口气，因为道路的改善使得在需要的时候可以更方便地前往最近的医疗机构。此外，现在，只要打一个电话，就能得到救护车服务。更好的道路也使贫困妇女和我的生活更加舒适。现在，我还可以骑自行车，用较少的体力覆盖更多的家庭。妇女和女学生已经开始骑自行车上学。当地妇女也能更好地获得其他设施、服务和机会。RCIP 项目使我的生活更轻松。”

经验与启示

妇女和女孩儿参与农村公路管理培训方案，有助于确保遵守有利于妇女的核心劳动标准。为鼓励妇女参与培训计划，提供特殊的宿舍设施，这有助于提高妇女对培训活动的参与度。利用互动式培训辅助工具和快速评估模式来衡量社区活动的有效性，以收集对人们生活的定性影响。这些工具被用来快速评估能力建设和提高认识运动对申诉处理委员会成员、女工程师和学生（包括女学生）的影响。我们了解到，学校的宣传活动需要提前计划或者与学校的时间相一致，以确保学生和教师的充分参与。

在项目区与社区成员一起进行的横断面行走有助于确定适合他们需求的线路，如出于社区安全考虑，改变路线；在特定地点纳入田间交叉口等设计特征，以方便社区或农民将灌溉管道穿过道路；确定电杆、电话杆、手泵等道路安全项目的需求及池塘、水体等自然特征的保护工程，并纳入详细的项目报告。

该项目确保妇女参与建筑工程。然而，人们意识到，参与技术工种的妇女需要额外的能力建设。目前，参与此类活动的妇女多是非技术类。

非遗工坊助推乡村文化振兴
——重庆壹秋堂文化传播有限公司培育新农村手艺人案例

案例类型：就业减贫

关键词：非遗工坊，新手艺人

提交机构：重庆壹秋堂文化传播有限公司

摘　要

按照“政府主导、企业主体、市场运作、社会参与”的发展模式，以传统手工艺为抓手，重庆壹秋堂文化传播有限公司（以下简称“壹秋堂”）通过在乡村建设非遗工坊，挖掘乡村传统手工艺资源，开发手工艺产品，培养农村手艺人，助力乡村文化振兴、人才振兴、产业振兴和生态振兴。该项目受益对象为乡村留守妇女、贫困户、残疾人、老年人等群体，重点吸纳当地易地扶贫搬迁户参与就业，在石柱县中益乡，城口县沿河乡、岚天乡，丰都小官山，荣昌区等地已建和在建非遗工坊 11 个，间接带动 380 人居家就业，人均月收入 1500 ～ 4500 元。

背　景

壹秋堂创立于 2007 年，拥有丰富的研究、保护、传承与创新发展的行业经验，于2014年被评为“国家级文化产业示范基地”。“授人以鱼不如授人以渔”，文化扶贫旨在为传统非遗技艺找到现代化的经济表达通道，壹秋堂依托夏布建设非遗工坊，发挥文化在脱贫攻坚工作中“扶志”“扶智”的作用，让非遗真真实实地为脱贫致富带来新生机。

项目实施

1. 工坊建设

通过建设手工艺工坊、产学研基地、手工艺展销及体验中心、村史馆、艺术家驻留工作室等子项目，塑造乡村文旅精品“五个有”，即“有一个叫得响的品牌、有一款大众喜欢的产品、有一份总想带走的特产、有一段值得留恋的回忆、有一群值得赞赏的手艺人”，助力将乡村打造成生活幸福、经济稳定、游客向往、环境优美、文风蔚然、民风淳厚的新农村。

工坊重点吸纳当地易地扶贫搬迁户、贫困户、留守妇女、疾病残疾人、老年人等用工，以实现“居旅共享、乡村振兴”为目标，将工坊所在地群众组织起来集中培训、集中作业，以“技能培训＋新手艺人＋计件合作”的方式，帮助他们实现居家就业、增收致富。

该项目已在重庆范围内复制推广，在石柱县中益乡坪坝村、华溪村、盐井村，城口县沿河乡、鸡鸣乡、岚天乡，丰都小官山、栗子乡，荣昌区等地已建和在建乡村振兴非遗工坊11个，其中中益乡、沿河乡、鸡鸣乡的非遗工坊已正常运营两年以上。工坊间接带动380人居家就业，其中154人进入工坊稳定就业，包括原建档立卡贫困户41人、残疾人15人，实现人均月收入1500～4500元。该项目计划在全国建设30个乡村振兴非遗工坊，带动1500人就业，年产值突破5000万元。

2. 技能培训

一是在岗培训。针对非遗工坊在岗人员，开展与日常工作相关的知识、技能、程序等在岗指导及培训。二是订单式培训。根据非遗工坊承接的代加工订单需求，以承接订单为目的，邀请工厂专业技术人员进驻工坊对从业者开展专项技能培训，以视频演示、老师示范、手把手指导的方式帮助从业者的工艺达到严格符合代工生产质量标准的程度。三是就业基础技能培训。针对各地有培训意愿的留守妇女、低收入家庭成员、残障人士等招生，开展就业基础技能培训。四是产品标准化培训。邀请非遗传承人为当地群众亲自授课，有针对性地教授产品设计制作，并指导他们完成夏布养生槌、平安扣香囊挂饰、刺字绣杯垫等具备一定技术高度与难度的产品标准化生产流程实操。

3. 代工合作

进一步深化东西部产业合作，以优势产业赋能乡村振兴推动项目落地，渝鲁共建非遗手工外贸加工基地，与中益乡非遗工坊签订战略合作协议。一方面，将山东外贸企业积累的国际先进生产技术、管理经验与服务理念引入重庆乡村振兴非遗工坊发展体系，推进乡村振兴品牌建设与发展；另一方面，以国际订单促进国内“指尖技艺”向全球“指尖经济”转变，推动重庆地区乡村振兴产业落地，促进乡村产业与国际市场接轨。目前，工坊以国内外订单生产为主，睫毛、假发等产品已排 5 年生产期。

4. 产品研发

工坊深入挖掘乡村地域文化特色，将文化内容、文化符号、文化故事融入文创产品研发，利用文化资源培育旅游商品，提升旅游商品附加值。工坊自主研发设计并投产的主要手工产品有土家如意养生槌、故宫色系列土家吉祥布老虎、夏布本草防疫香囊、手工布艺刺绣包、蓝染刺子绣杯垫等。

5. 设计助村

2021 年 7—9 月，“5S＋高校手工艺术设计联盟”（以下简称“5S＋联盟”）开展中益乡设计“助村”项目，以高校专业力量为乡村振兴赋能，通过“高校驻村＋创意设计＋村民制作”的方式，依托高校师生团队的原创设计，提高乡村手工艺品附加值，带动乡村文创产业创新发展。重庆第二师范学院美术学院、四川师范大学服装与设计艺术学院、四川城市职业学院城市建设与设计学院设计团队先后入驻中益乡坪坝村非遗工坊，开展设计助村研发。研发项目以中益乡土家族文化、白虎图腾、蜜蜂元素为主题，开展墙绘设计制作、产品方案策划、产品研发、实物转化等工作。3 所院校共创造老虎形象、纹样、图形 30 余款，设计应用产品百余款，产品类型包括丝巾、挎包、抱枕、挂饰、玩偶、杯垫、印章、墙面玻璃贴纸等。

6. 游学项目

以非遗手工艺为抓手，依托非遗工坊结合乡村旅游资源，整合企业手工行业资源及高校人脉资源，培育非遗游学项目，促进文教结合、旅教结合。通过观摩、学习、体验、总结、讨论等形式，保证“研、学、游”三要素相结合，完成深层次、宽领域、多维度的游学拓展。

成 效

1. 促进农民增收，激发贫困地区内生动力

工坊以创业、就业为导向，通过“标准化培训＋产品代工＋计件合作”的模式，在当地挑选有就业意愿、能从事手工劳动的群众进行系统化、专业化培训，经考核上岗成为“匠心新手艺人”。通过承接国内外手工订单，完成研发、生产、代加工等环节，解决当地剩余劳动力就近就业、居家就业、灵活就业。

计薪方面采用计件合作的灵活方式，提高新手艺人的积极性，激发年轻人的斗志和当地群众建设家乡的创造力与潜能，全面激发乡村地区内生动力。持续手工订单派发、定期个性化技能培训，确保当地群众持续稳岗就业增收；制定薪酬激励制度，设置月度冠军成品率奖，引导从业人员良性竞争、创造业绩、提高收入。

2. 弘扬传统文化，促进非遗活态传承发展

通过对新手艺人的专业技艺培训，一方面提高农村妇女的文化内涵与艺术修养，提高就业创业能力，带来稳定收益；另一方面，传统手工艺将通过新手艺人的劳作和创新继续活跃在时代的舞台上。此举对振兴传统工艺、促进非遗生产性保护、提高传统技艺经济转化能力有着积极的促进作用。

3. 涵养乡风文明，推进乡村新时代文明实践

非遗蕴含的传统价值观、审美观，传达的协于自然的技术理想，彰显的精益求精的工匠精神，都是这个时代所呼唤的风尚。工坊将非遗融入乡村群众的日常工作和生活，以非遗价值体系促进文化铸魂、文化赋能，使其成为涵养乡风文明的重要源泉。

4. 加强队伍建设，筑牢乡村振兴的人才基础

工坊依托“5S＋联盟”西部片区妇女手工编织行业资源，大力开展技能培训、创业指导、文化宣讲等活动，提升农村妇女的综合素养与业务本领，培养造就一批扎根农村、有一技之长的“新手艺人”，使其成为乡村振兴文化产业发展的主力军，为实现乡村经济社会高质量发展提供坚实的技能人才支撑。

5. 帮扶特殊群体，打破贫困代际传递链条

项目受益对象为乡村留守妇女、贫困户、疾病残疾人、老年人等特殊群体，以集中就业结合灵活就业的方式，帮助他们在家门口就业创收，有效化解留守儿童教育及陪伴难题，对打破贫困代际传递的文化链条等具有重大意义。

为帮助居住偏远、年龄较大、身有残疾难以离家参加集中培训的群众，壹秋堂将扶贫工坊延伸到妇女、家庭，实现培训到家。在华溪村老党员马培清家中，建立了中益乡首个扶贫家庭工坊，根据家庭培训需求制订培训计划和帮扶措施。

6. 促进文旅融合，助推乡村产业多样化发展

工坊依托重庆市手工编织协会、西部手工艺发展“5S＋联盟”的行业资源优势，以非遗特色文创产品为切入点，有效利用互联网、大数据、5G技术等带来的时代机遇，将传统文化再创新、再表达、再融入当代生活。从生产端到消费端全面赋能，扩大优质文化产品供给，拓展“文创＋旅游”的市场空间，发展壮大乡村文创产业，并对其他相关产业起到引导和带动作用，助推乡村产业多样化发展。

7. 坚持手工生产，守住生态红线不动摇

工坊坚持纯手工生产，生产过程及成品严格符合绿色、

环保、健康的要求，打造舒适宜居的生活空间和山青水碧的生态空间。

真实故事

曾是村里建卡贫困户的张玉芳，小时候因意外致残，身体条件不允许做农活儿，平时只能带两个孩子，基本没有经济来源，生活捉襟见肘。后来，壹秋堂在坪坝村开培训班并创建非遗扶贫就业工坊，她积极报名，踊跃参加，凭着过人的干劲儿、细心和责任感，被聘为班组长兼任库房管理。2019 年，她跟随壹秋堂到新加坡参加“重庆文化旅游周”系列活动，首次走出国门做展示交流。这让她备感骄傲与荣幸。

从毫无经济来源的农村妇女、全职妈妈，到现在每月都稳定收入两三千元，而且是工坊形象代言人，如今的张玉芳从内心到外在都底气十足，散发着自信的魅力。

经验与启示

（1）因地制宜。根据不同地域的地理位置、文化属性、产业结构、人员性质创建不同种类的非遗工坊。目前，该项目已在重庆市内复制推广，在石柱县中益乡坪坝村、华溪村、盐井村，城口县沿河乡、鸡鸣乡、岚天乡，丰都小官山、栗子乡，荣昌区等地已建和在建“乡村振兴非遗工坊”11 个。

（2）创新传统文化。该项目以非遗特色产品为切入点，有效利用互联网、大数据、5G 技术等带来的时代机遇，将传统文化再创新、再表达、再融入当代生活，不仅是对传统文化的创新，而且是对乡村振兴背景下农民增收帮扶模式的创新。

（3）可持续性。改变传统“输血”式扶贫，通过“技能培训＋计件合作”的计薪方式、“统筹指导＋自治管理”、“传统师带徒＋现代人力管理”的管理模式，激发当地群众的脱贫动力，增强“造血”功能。

（4）环境友好。以不破坏乡村自然环境和传统生活方式为宗旨，坚持纯手工生产产品，从原材料、生产制作、质检到消费环节，都秉承绿色无污染的原则，保证经营活动与当地自然和社会环境形成良性共振。

（5）多方共建。各级政府、高等院校、行业协会、民间组织等机构的支持和知名设计师、战略规划师、艺术家、专家学者等的广泛参与，以各自领域的专业力量为乡村减贫与长效发展赋能。

普特融合共同发展
——世界银行支持的学前融合教育实践探索案例

案例类型：教育减贫

关键词：学前教育，特殊教育，学前融合教育，儿童发展

提交机构：昆明学院学前与特殊教育学院

摘　要

昆明学院附属幼儿园自 2017 年 3 月起招收特殊幼儿，开始学前融合教育的实践探索。历经 5 年发展，通过“走出去”和“请进来”策略，打造了一支高素质的学前融合教育师资队伍，建立了儿童发展中心，并从物质环境、精神环境入手，打造适合特殊幼儿的全融合环境。以“校园协同，专业引领；普特结合，托幼一体”为办园思想，服务家长，服务社会，成为学前教育和特殊教育、教师职前培养职后培训、就业服务“三位一体”的实体教育机构，实现产、学、研一体化。

背　景

昆明学院的学前融合教育起源于 2013 年，昆明学院学前与特殊教育学院招收云南省第一批本科特殊教育专业，开始学前融合教育的早期理论探索。2016 年 9 月，昆明学院第一家附属幼儿园开园，2017 年 3 月昆明学院附属经开幼儿园开设

彩虹班，招收 8 名学前特殊儿童，开始了云南省真正意义上的学前融合教育的实践探索；2017 年 9 月，特殊儿童不再单独成班，开启全融合教育模式的探索；2021 年 9 月，昆明学院第二所附属幼儿园——昆明学院附属幼儿园正式开园，园内成立专门为特殊儿童服务的部门——昆明学院附属儿童发展中心，进一步完善学前融合教育模式。

学前融合教育是指将学前特殊儿童安置在常规的托幼机构中，让他们与普通儿童一起接受日常保教活动。作为一种新的教育理念，融合教育反对将具有特殊需要的学生隔离在主流社会之外的传统教育模式，主张让特殊需要学生融入普通班级、学校，通过与正常儿童一起接受教育，最大限度地发挥特殊儿童的潜能。目前，我国融合教育的实施主要集中在义务教育阶段，但学龄前特殊需要幼儿的干预对幼儿后期康复成效、社会参与影响更加重要。当前，我国学前融合教育仍处于探索阶段，缺乏成熟的学前融合教育理论体系与可借鉴的实践模式。

从 2017 年 3 月至今，昆明学院附属幼儿园累计招生 72 名特殊儿童，特殊儿童在幼儿园里获得健康快乐的成长。

项目实施

在 2019 年设计世界银行项目软活动时，根据已经开展的学前融合教育实践探索的需求，昆明学院设计了“学前融合教育理论及实践研究服务”“特殊儿童教育康复中心教师、辅导人员和融合幼儿园教辅人员培训咨询服务”“昆明学院学前与特教专业教师队伍建设咨询服务”3 个子项目。3 个子项目的开展极大地推动昆明学院学前融合教育的发展。

在项目期间，昆明学院坚持“走出去，请进来”的原则，从不同方面促进学前融合教育的发展。

1.“走出去”

在项目期间，昆明学院附属幼儿园的融合教育教师们分别前往上海、长沙、青岛、苏州、杭州等地观摩学前融合教育，累计培训329人次。通过外出观摩，使教师们开阔眼界，掌握更多特殊教育、康复训练的理论及实践技能，极大地提高教师的专业能力，促进学前融合教育的发展。

2.“请进来”

在项目期间，不仅“走出去”，还不断邀请全国知名专家到幼儿园实地观摩学前融合教育的开展，进行针对性的指导和培训，如上海华东师范大学的周念丽老师、黄昭鸣教授、刘巧云教授，重庆师范大学的魏勇刚教授、台湾东华大学的林坤灿教授等。这极大地促进学前融合教育理论及实践研究，把昆明学院的学前教育与特殊教育两大专业结合在一起，探索出昆明学院和云南的学前融合教育模式。同时，全国知名专家进入幼儿园实地指导学前融合教育的开展，不断优化教育模式。

3. 建立儿童发展中心

通过几年实践，昆明学院发现轻度、中度的特殊儿童全融合的效果良好，对于重度、极重度的特殊儿童，他们更需要的是针对性、密集性的干预。

基于不同孩子的不同需要，在世界银行贷款云南学前教育发展实验示范项目建设的昆明学院附属幼儿园2021年9月正式投入使用的基础上，成立昆明学院附属儿童发展中心，为特殊儿童规划3种不同的安置形式，不落下一名幼儿。全融合安置形式是对于有一定能力基础的特殊儿童，将其安置在普通班级进行全融合教育。特殊班安置形式是对于重度的特殊儿童，单独成班，进行小班教学，同时安排更多的“一对一”教育康复。门诊式安置形式是对于极重度的特殊儿童，因其不具备幼儿园生活的能力，所以儿童发展中心提供“一对一”门诊式教育康复。

▲ 昆明学院附属幼儿园的教师在给融合班幼儿上课

4. 培育融合文化

昆明学院附属幼儿园以“融容为真，合和之美”为文化核心，旨在以融合悦纳为举措，达到和谐美好之境界，秉承“校园协同，专业引领，普特融合，托幼一体”的办学理念，坚持“五优”的（理念优先、管理优化、保教优质、师资优良、环境优美）办园目标，以“三园教育”为办园宗旨，即“幼儿健康成长的幸福乐园、教师专业成长的精神家园、家长共同成长的友好学园”，在学前融合教育的背景下坚持培养“体健、聪慧、良善、益美、悦劳”身心和谐健康发展的幼儿。

（1）物质环境创设。设置资源教室，聘请特殊教育专业教师担任资源教师。资源教室仿照普通班级进行环境创设，为特殊需要幼儿提供一个单独的空间，方便特殊教育教师进行个别指导。进行适当的环境修正，如为特殊需要幼儿提供康复和训练的教室，提供专门化的特殊设备；改造环境，方便行动不便的特殊需要幼儿等。针对特殊需要幼儿的实际情况，改变教室的布置、调整教学用具和设备、简化课堂任务的时长和难度及设计专门性的区域、标记和投放材料推动干预的实施。

（2）精神环境创设。学前融合教育的开展，离不开校园融洽、和谐、平等、健康的精神环境。教师的态度和教育方式，团结、和谐的同学关系，充满爱心的家长群体，都有助于形成幼儿安全、温馨的心理环境，培育健康的人格。利用家长学校、微信平台、主题班会等，面向全园家长和幼儿开展融合教育宣传，让普通家长和幼儿接受、认可特殊需要幼儿进入学校，愿意接受和帮助他们。组织教师和特殊需要幼儿家长见面会，让老师聆听体会特殊需要幼儿家长的不易，萌发对融合教育工作的价值认可，发自内心地接受和保教特殊需要幼儿。

每个班成立幼儿帮助小组，关心帮助特殊需要幼儿，形成同伴支持。同伴支持主要有 3 种形式：特殊需要幼儿与其他幼儿一起完成某种游戏；同伴邀请特殊需要幼儿一起做某件事；观察学习，让特殊需要幼儿在一旁观看其他幼儿的行为，再让他们一起参加活动。选择性格温和的同伴，能与特殊需要幼儿友好相处。被选者和特殊需要幼儿都能理解成人的指导。特殊需要幼儿愿意与其相处。能形成同伴小组，以个人或集体的形式帮助特殊需要幼儿。

5. 提供家长支持服务

0 ～ 3 岁的早期教育对特殊需要幼儿的康复至关重要，除学前教育机构开展教育康复训练外，家庭的支持与日常生活训练非常重要。因此，要重视和兼顾家庭的需求，建立与家长的合作关系，并提供相关的支持与服务，促进家园共育。尊重家长，积极倾听家长的意见，明白家长的需求会随着幼儿的成长而变化，保持和家长的有效沟通，为其答疑解惑。为家长提供家庭康复的知识和技能，指导家长进行家庭干预。定期召开家长座谈会，增强家长对自己孩子在校情况的了解。通过微信、面谈、电话等多种形式进行家园联系。面向家长开展心理健康咨询和心理辅导。建立家长互助会，鼓励家长相互支持、相互帮助。

6. 学前融合教育联盟

获得世界银行贷款云南学前教育发展实验示范项目和云南省教育厅专款支持，根据云南省学前融合教育的发展现状及实际需求，诚邀省内外高校专家及幼儿园一线融合教育工作者进行学前融合教育的理论及实操培训，联合云南省普通幼儿园的领导、教师共同倡导、践行学前融合教育理念，探讨符合云南省的学前融合教育实施办法，积极推动云南省学前融合教育的发展，为每一名学龄前特殊儿童提供平等的教育机会。联合云南省的 10 余所幼儿园组成学前融合教育联盟，努力为特殊儿童提供更加公平、公正的教育环境。

成　效

在项目支持下，《特殊需要幼儿 CRF 教育康复模式——“院—园”协同全融合教育研究与实践》荣获 2019 年云南省基础教育教学成果一等奖，2021 年“西南地区学前融合教育虚拟教研室”获省级立项，2021 年幼儿园区级课题“普通幼儿园招收特殊幼儿开展融合教育的实践研究”立项，2022 年幼儿园市级课题“幼儿园全融合背景下的特殊儿童教育康复模式的研究”立项。

从 2017 年 3 月至今，昆明学院附属幼儿园累计招收 72 名特殊儿童，已有 13 名特殊儿童进入普通小学就读。通过对家长的回访，得知因为有在普通幼儿园就读经验的孩子在普通小学适应得非常好。特殊儿童在幼儿园获得健康快乐的成长，学前融合教育得到家长和社会的一致认可。

2018 年，昆明学院附属幼儿园被昆明市残疾人联合会认定为残疾儿童救助备案机构，至今服务 58 人次，补助金额 45.9 万元，有效帮助这些特殊幼儿及其背后的家庭。

真实故事

佐佐出生于 2017 年，两岁时患有孤独症，于 2020 年 9 月进入昆明学院附属经开幼儿园进行早期融合教育。该幼儿园为她设计开展专业教育康复课程，主要内容为感觉统合课程和认知发展课程。专业教育康复课程的开展，极大地促进她能力的发展，特别是动作及认知能力的发展。除此之外，班级教师为其制订个别化教育康复计划，调整其班级课程，同时开展巡回指导工作。通过常态化的环境、教师的引导和支持及与同伴的互动，极大地促进其社会适应发展。

经验与启示

总结出模式完善的服务体系，从初评开始确定特殊幼儿的安置形式，再到为每一个孩子进行精细化的教育评估，制订个别化教育计划，真正做到“一人一案”，零拒绝、全融合、促发展。

在项目初期，为了在幼儿园设立康复中心，昆明学院附属幼儿园招聘一批特殊教育专业教师，同时积极对园内学前专业教师进行特殊教育相关技能培训，依靠昆明学院特殊教育和学前教育专业教师对特殊幼儿康复及学前融合教育进行指导。

项目初期主要依靠幼儿园与高校联合支持，随着项目的开展、影响力的逐步扩大，残联注意到昆明学院附属幼儿园为特殊幼儿的发展所做的努力，2018 年认定其为残疾儿童救助备案机构，为特殊儿童的康复提供一定补助，有效缓解特殊儿童家庭的经济困难。通过 5 年的摸索，逐步形成对特殊幼儿“全融合＋特殊班＋门诊”的安置模式，对不同程度的特殊幼儿分类安置，让他们都能最大限度得到康复和发展。

数字赋能西部学生共享优质教育资源

——北京市朝阳区助力结对地区双师素质课堂项目

案例类型：教育减贫

关键词：数字赋能，儿童教育，东西部协作，教育资源共享

提交机构：北京市朝阳区发展和改革委员会

摘　要

针对西部地区高质量教育资源缺乏和素质教育开展困难问题，北京市朝阳区通过“政企学”多方联动，将北京的双师素质课堂项目引入各结对帮扶地区，提升欠发达地区的教育可及性，促进区域间的教育均衡。具体来说，双师素质课堂项目依托北京一流教师提供的优质教学内容和授课方式，利用人工智能、大数据等数字技术搭建数字教学平台，打破传统教学的时空限制，实现“名师—云—学生”的跨时空联结。在此基础上，该项目为西部地区的孩子们提供涵盖自然科学、艺术启蒙、思维训练、传统文化等九大主题的课程体系，并采用线上专业教师讲解和线下带班教师辅助结合的方式，使北京优质的教育资源、内容与教学管理模式能够快捷有效地为西部地区共享，不仅激发学生的学习兴趣与热情，也为当地学校带来新的教学工具与管理理念。项目一期在内蒙古、新疆等4个结对帮扶地区选取6所试点学校开展，共开设118个班级或社团，4269名学生（其中脱贫人口子女人数为735人）参与学习，

接触到丰富多彩的课程内容，拓宽学生的视野，激发学习的热情，对其提高核心素养、全面发展起到良好作用。

背 景

从脱贫攻坚时期开始，提升西部地区教育条件与教育者水平便是东西部协作工作的重点之一。北京市朝阳区对口帮扶的内蒙古察哈尔右翼后旗、卓资县、科尔沁左翼后旗、新疆生产建设兵团农十四师四十七团（以下简称“新疆四十七团”）等均属于西部欠发达地区，普遍存在能力教育和素质教育相对落后的情况。一方面，这些地区正常的课堂教学质量与北京市有较大差距；另一方面，学生的课外活动内容匮乏，留守儿童现象普遍，存在课后无人监管、社会情感荒漠化等问题。确定结对关系后，朝阳区政府十分重视结对地区的儿童教育问题，在积极派出教师团队、实施组团式帮扶的同时，努力多渠道探索教育均衡化问题的解决方案。

项目实施

1. 帮扶对象选择

双师素质课堂具有较强的普适性，在一般学校中仅依托可播放视频的设备便能开展，适用于西部欠发达地区的广大学生群体。该项目选择朝阳区对口帮扶的内蒙古乌兰察布市卓资县、察哈尔右翼后旗、通辽市科尔沁左翼后旗、新疆四十七团等欠发达地区 6 所学校的约 4200 名学生。

2. 帮扶课程设计

（1）课程规划思路。课程围绕“五育并举”设计，课程体系共有9个主题，分为3个课程类型。“五育并举”指重视并实施德育、智育、体育、美育、劳动教育等5个方面；9个课程主题是指基于“五育并举”建立起涵盖自然科学、艺术启蒙、思维训练、传统文化等9个主题的课程体系，侧重于启蒙与实践；3个课程类型是基于学生的个性化需求，设计出的“通识类”“项目式学习”“技能型”3种不同能力模型课程，让学生通过学习课程分别达到博闻多识、问题解决能力提升及专业技能提升等多维目标。

（2）课程内容制定。全部课程由权威专家指导、专业讲师讲解，每门课程从选题、设计、教研、编剧、制作甚至配音等都有严格的专家把关，如“遇见恐龙”由中国科学院古脊椎动物与古人类研究所研究员和浙江自然博物馆研究员进行内容指导等。此外，课程提供分级设置，课程进度灵活掌握，并从认知规律出发，独创模块化环节教学，科学规划教学节奏，合理利用课堂时间。

（3）配套教材。教材是课程质量保障的重要道具。该项目为学生提供素质课程对应的课程手册、随材学具等，如机械课会提供实验练习册和定制配套实验器具，围棋课会提供棋盘、棋子及围棋对弈练习册等。将动手操作、测量观测、统计分析等丰富多样的学习互动形式融入课堂学习，助力学生欢乐互动，多维度呈现素质教育成果。

3. 课堂教学方式

（1）操作手册齐备，实操上手容易。在开展课程之前，第三方企业教研团队根据学校需求，为代课教师提供详细的使用手册和师训服务，从课程平台操作、课程互动、教学组织、随材学具使用等方面进行细致的培训与指导，帮助代课教师快速熟悉课程内容，把握课堂组织的重点、难点和要点，大大减轻组织课堂难度，为学校自主开展常态化教学奠定基础。

（2）双师共同授课，保证教学质量。该项目中，一位“教学名师”解决教学资源与内容的可持续供给问题，通过视频录制的形式，结合自己多年的授课经验，将先进的教学理念、新鲜的学习内容等融入课程，并保存至云端，供各使用方反复、多次学习，提高欠发达地区教育的可及性；另一位“辅导教师”解决教育成果落地与成果不断巩固深化的难点，开展在教室维护课堂秩序、课后做“一对一”辅导等工作，并根据每个学生的特质进行有针对性的补充和补习。

▲ 特色课程教学课堂

（3）提供可视化教学管理平台，实施科学管理。该项目是信息技术与教学工作的深度融合。在教学管理方面，系统以区域和学校为单位进行课程管理，一键生成课表，自动记录数据，图形化分析，可视化呈现，方便管理者及时查看课程进度，有效监管、科学评价。在教学效果落地方面，平台可以实现随堂报告同步看、教学评价数据化等功能。此外，系统还为家长提供监控平台，实时呈现孩子的课程内容和成果，实现家校之间的信息共享、学生共育。

4. 项目投入

该项目的核心功能主要依托第三方公司，不仅有教育系统与平台实现，无须使用者另外投入，而且目前国内外教育培训机构众多，核心技术不复杂，不存在技术壁垒。对辅助教师来说，只需要投入部分精力学习系统方法即可。

成　效

1. 实现区域之间的教育均衡

双师素质课堂项目通过信息技术与教学工作深度融合，为偏远地区初等教育提供优质课程资源，降低师资开课的门槛，解决偏远地区素质教育资源匮乏的问题，提高教育的可及性。

2. 提升学生综合素质

该项目一期共开设 118 个班级或社团，让 4269 名学生（其中脱贫人口子女数为 735 人）获得以前接触不到的课程内容，短期内激发孩子们学习的热情，长期来看对其提高核心素养、全面发展有着非常重要的意义。

3. 搭建教师能力提升的平台

截至目前，共有 75 位教师参与双师课程，该项目在为偏远地区教师提供优质资源、提高教师素质教育能力的同时，也让教师通过双师课程平台拥有更多对外展示的机会，通过亲自授课检验能力提升的效果。

▲ 学生展示特色课程作品

真实故事

内蒙古察右后旗明德小学5年级学生温佳怡去过最远的地方是300多千米外的包头市，最近在思考上万千米外的比萨斜塔是怎么变斜的。因为有双师课堂生动的视频、精彩的讲解与丰富的手工实践活动，温佳怡了解到意大利著名的地标比萨斜塔的情况。这是学校课后服务升级带来的变化。在课后服务中，学生通过双师课程在世界各地的建筑中畅游，偏远地区学生也能和城市学生享受到同样的教学资源，教育均衡化的美好愿望正逐步实现。

经验与启示

1. 科技赋能实现教育均衡化

项目依托国内专业讲师、教师提供的优质教学内容和授课方式，利用第三方企业大数据技术突破传统教学的时空限制，使发达地区教育资源被直送至欠发达地区，实现“名师—云—学生”的教学模式，促进区域之间的教育均衡，打破欠发达地区与外界的信息壁垒，使优质教育在欠发达地区学校扎根。

2.“互联网＋教育”的模式简单易用可复制

双师素质课堂一是借助云平台，学校仅需要通过注册平台账户并开通相应权限即可在当天开始使用各类素质课程资源，实现课程“开箱即用”；二是通过视频反复播放、随时可以暂停的特点可实现课程“时时可学”；三是无须学校搭建服务器等硬件环境，相关工作均在第三方云端平台进行，能够保障平台运行平稳。

3.“政企学”多方协同保障项目顺利实施

一是政企协同要求政府做好企业对接搭桥、资金配套与全过程监督工作，引导企业按计划落实各项任务；二是政学协同要求政府与学校之间对项目各项责任进行明确，并总结项目成果成效与经验不足，保障项目长期实施；三是企学协同要求企业做好学校需求分析、教师事前培训及各项活动组织工作，学校则需做好教师、学生和家长的引导与动员。

农文旅产业融合发展助力民族村落脱贫振兴

——云南省宜良县九乡彝族回族乡麦地冲村的实践

案例类型： 旅游减贫

关键词： 农文旅产业融合

提交机构： 云南省宜良县九乡彝族回族乡人民政府

摘 要

中国西南山区民族乡镇是脱贫攻坚与乡村振兴战略实施的重点与难点地区，也是农文旅产业融合发展最具资源优势与发展潜力的区域。农文旅产业融合发展有利于推动旅游业与乡村民族文化资源、农业资源的有机融合，延伸拓宽乡村产业链条，保护提升乡村生态景观，引导鼓励外出务工农民回乡就业创业，为乡村的可持续发展注入人才资源动力，促进以传统农业为主的乡村经济体系向以乡村旅游为主导的一、二、三产业融合转变，实现由脱贫到富民、再到乡村的全面振兴。

背 景

云南省昆明市宜良县九乡彝族回族乡麦地冲村属于彝汉杂居的村庄，群众长期依赖传统低效的农业生产生活方式，主要经济来源是种植烤烟、玉米等作物和养鸡等，大多数村内年轻人外出务工，村内人口年龄结构不断老化，村庄活力正在不断减少。但麦地冲村具有得天独厚的生态优势、地理优势和民族文化优势，具有“农旅融合、文旅共生、三产融合”的发展潜力，有利于形成“以点串线、以线成带、城乡互补、协调发展”的乡村振兴发展新局面。

2019 年，麦地冲村入选昆明市都市驱动型乡村振兴创新实验区，在中国农业大学李小云教授团队的指导下，着力在农文旅产业融合发展、农村宅基地改革、乡村人才培育等方面下功夫，全力打造“三力融合”（乡村内生力、都市驱动力、城乡互动力）的乡村旅游示范村、人居环境样板村、乡村振兴先行村。

项目实施

1. 突出农文旅融合特色，让产业发展“旺起来”

一是大力发展创意农业、景观农业。麦地冲村在尊重农业农耕文化“原真性”的基础上，聚焦“乡愁”情怀，聚力规划培塑“七彩梦乡麦地冲”品牌。通过大力发展创意农业、景观农业，推广种植彩色水稻 300 亩、彩色向日葵 150 亩、彩色油菜花 150 亩，实施稻鱼共生示范种养项目 200 亩，成功打造“阿细跳月”“鹊桥相会”“三牛精神”主题田园景观、“向阳花开”彩色向日葵景观、“我心向党”荷塘景观、万寿菊橙色花海，以丰富的农业元素共同组成令人惊艳的大地艺术，使之成为摄影爱好者和周边市民喜爱的美丽乡村、美丽景致。

▲ 麦地冲村利用彩色水稻打造的大地艺术景观

▲ 游客在麦地冲村体验摸稻花鱼

二是做强乡村旅游节庆品牌。精心策划九乡阿麦天“一日游”精品路线。成功举办九乡帐篷火把节、昆明市 2019 年中国农民丰收节暨稻田文化旅游节、2020年七彩梦乡彩色水稻插秧节等活动，融入“金秋八月·畅享宜良”精品旅游线路，仅一周就接待游客6万余人次，实现旅游收入500余万元，成为云南省乡村旅游的热点。

三是大力发展农村电子商务。在麦地冲村设立首个村级农信社电商服务示范点，利用云南农信电商平台和农信社客户资源优势，积极推荐九乡彝族回族乡及宜良县土特产到e滇农信电子商城展示销售，拓宽农产品销售渠道，促进农民增收创收。

2. 探索农村宅基地“三权”分置，让闲置资源“活起来”

一是稳妥推进农村宅基地“三权”分置。在对麦地冲村现有闲置宅基地、农房所有权、资格权情况进行全面摸底的基础上，积极探索使用权的盘活利用，目前已流转7间闲置烤烟房、6间牲畜房的使用权到村集体经济合作社，建设中国农业教授工作站（“乡村学舍”），兼具民宿示范功能。目前，共改造民宿21间、提供床位26个，配套建设网红书屋、田园会议室、奶茶店、餐吧。从2021年6月运行至2022年3月，累计营业收入约76万元。

二是创新村集体资产运营管理方式。村集体资产运营公司（云南麦居彩地文化旅游发展有限公司）采用村民入股的方式组建，建立村民利益和村集体发展的联结机制。由公司对闲置宅基地和闲置农房进行统一流转改造，改造后的民宿由公司统一管理经营，所得利润的30%归村小组经济合作社，用于发展集体经济和村民分红，所得利润的70%用于运营公司发展和股东分红。2021年，麦地冲村共5户17人入股29股（5000元/股），这5户农户于2021年年底每股分红500元，年收益率达20%，从而推动资源变资产、资金变股金、农民变股东。

3. 抓好内培外引，让乡村旅游服务人才“兴起来”

一是实施乡村旅游经营管理人才培育计划。设立青年人才培育基金，专项用于回引人才工资和本土人才培训费用。在村内成立乡村旅游运营管理公司，按照现代企业、城市就业的模式制定薪酬待遇制度。聘请村内 3 名返乡青年分别担任首席执行官、财务官和技术官，让农民自己当“老板”。

二是聘请智库专家指导乡村建设。由中国农业大学专家团队对实验村实施“一对一”挂钩指导，聘请李小云教授担任“荣誉村长”，从规划设计、建设指导、机制探索等方面给予支持和帮助。

三是建立乡村优秀后备人才培养选拔机制。结合村（社区）“两委”换届，选优配强麦地冲村党支部书记。把在乡村振兴实验推进中涌现出来的本村青年人才作为入党、后备村组干部骨干重点培养，3 名返乡青年通过村民代表大会被选举为村组干部。

四是探索电商人才助力乡村振兴模式。建设农村电商服务站，集中展销九乡农特产品，发展“后备箱经济”。引进当地“九乡杞妈妈”团队，打造直播宣传带货培训基地。

4. 简化管理程序，努力让留村哺农利益“多起来”

一是优化项目招投标程序。出台实验区项目工程管理办法，对投资 10 万元以下的单个项目，采取“材料采购＋聘请工人”的模式。超过 10 万元的项目，通过竞谈等方式确定工程建设材料采购单位及建设工人，同等条件下优先承包给村内施工队及有施工经验的村民。

二是精简项目审批程序。对于被列入实验区规划的小型建设项目，视同已有批复项目建议书、可行性研究报告，直接进入设计阶段。对于在原址上修复、修缮、养护、加固的工程，无须立项即可开工建设。

三是管好用好奖补资金。出台项目奖补资金管理办法，确保各类奖补资金专项用于实验区的项目建设。创新采取乡级报账制，将原来的单笔小金额财政资金支出需要多部门审签简化为乡村组三级一次会审通过。

四是创新开展金融支持乡村振兴工作。宜良县信用联社进行整村授信，授信农户 50 户、授信金额 1050 万元，办理乡村振兴卡 50 张、授信金额 330 万元，并专门开发“返乡青年创业贷”“民宿贷”等产品，让金融“自来水”直接流进乡村。

5. 突出自然和谐，努力让乡村环境“美起来”

一是加大基础设施建设力度。整村推进农村“厕所革命”，无害化户厕改造率达到 90%。建设污水处理站 1 座，完善全村污水管网配套工程。积极创建市级森林庄园，开展乡村生态环境综合整治和乡村绿化专项行动，在民族团结进步示范村创建彩绘。

二是引导村民共建共治共享人居环境。完善村规民约发挥党组织领导作用，建立“党员包户”制度，划分党员责任区，由党员牵头组织村民每周定期对门前屋后环境进行打扫，定期组织开展村庄大扫除活动，形成全民参与人居环境综合治理机制。

成　效

1. 旅游业态进一步完善

麦地冲村的乡村旅游业态从原有的单一观光型逐步成为集观光、体验、住宿、餐饮、娱乐于一体的多业态田园综合体，旅游业态和服务接待水平不断完善，游客体验感、满意度不断提高。自2021年6月以来，实现旅游综合收入达120万余元。目前，麦地冲村的乡村旅游发展已从政府扶持阶段进入市场自主运作阶段，日益增多的游客为乡村振兴美好前景积聚了人气、财气。

2. 农旅融合品牌进一步打响

麦地冲村成功举办昆明市2019年中国农民丰收节暨稻田文化旅游节、彩色水稻插秧节、帐篷火把节等节会活动，吸引10余万游客到访参观游览，被中央广播电视总台、湖南卫视等媒体报道，成功创建成为全国乡村旅游重点村和云南省旅游名村、云南省卫生村。

3. 全域旅游软硬环境进一步提升

麦地冲村的农村人居环境显著改善，新建乡村文娱大舞台、旅游公厕、村级污水处理站等公共基础设施，配套建设污水收集管网、分类垃圾桶，实施垃圾集中收集转运无害化处理，无害化卫生户厕改造率达到100%，道路通达条件和夜间道路灯光照明条件得到明显改善提升。

真实故事

潘云春是麦地冲村民，在外务工8年，先后开过餐馆，当过企业职员，在2020年了解到麦地冲乡村旅游发展规划及前景后辞去工作回乡创业，全程参与村集体资产运营管理公司的创建及运营，在接受经营、财务管理等培训后成为负责公司日常运营、重大事项决策的“乡村CEO”，2021年投入资金成为股东，2022年以自家闲置农房作价入股成为公司核心股东。

经验与启示

（1）明确发展优劣势，找准农文旅融合切入点。县、乡、村三级对麦地冲村开展细致的调查研究，发现麦地冲村的农业、生态、人文资源良好但自身发展能力不足，所以决定将麦地冲村因地制宜发展农文旅融合的乡村旅游产业作为促进脱贫振兴的重要破题方略。麦地冲村干部群众在提升水稻、万寿菊等种植产业上下功夫，把群众的产业收益与发展乡村旅游获益结合起来，打造田园景观、大地艺术，引导群众参与产业经营，拓宽增收渠道，让农田变成景区。

（2）稳慎推进宅基地改革，为乡村振兴拓宽发展空间。麦地冲村积极探索“宅改＋农文旅新业态培育”模式，稳慎推进农村闲置宅基地和农房使用权盘活利用，有效发挥宅改融通产业发展要素的突出作用。麦地冲村“宅改＋农文旅新业态培育”模式共分 3 个阶段，流转 29 间共 2700 平方米的房屋使用权到村集体资产运营管理公司。第一阶段以闲置农房使用权流转 20 年的方式建成核心示范区民宿房间 21 间、床位 26 个，配套餐厅、多功能会议室等附属设施；第二阶段以农户现金入股赋能的方式开展实体化经营；第三阶段以宅基地使用权收归村集体、闲置农房作价入股的方式盘活 4 户闲置住宅，计划 2022 年 6 月底前建成民宿房间 8 间、床位 16 个。截至目前，共完成 29 间闲置农房的盘活和改造，可设置 42 个床位。

（3）培育乡村内生动力，让人才活力持续助力乡村发展。一是实施乡村旅游经营管理人才培育计划，聘请优秀返乡青年做村集体资产运营公司管理层，让农民自己当“老板”，在自发实践中管理运营好集体资产。二是聘请智库专家指导乡村建设，从规划设计、建设指导、机制探索等方面给予支持和帮助。三是建立乡村优秀后备人才培养选拔机制，把在乡村振兴实验推进中涌现出来的本村青年人才作为入党、后备村组干部骨干重点培养。四是探索电商人才助力乡村振兴模式，引进当地“九乡杞妈妈”团队，在村内打造直播宣传带货教学培训基地。

减贫项目实施与管理

架起中冈“连心桥”
——龙建股份援建冈比亚公路桥梁项目案例

案例类型：基础设施建设，就业减贫
关键词：道路建设，公益慈善
提交机构：龙建路桥股份有限公司

摘　要

中国政府援建冈比亚上河区公路桥梁项目位于冈比亚共和国（以下简称“冈比亚”）上河区，于2018年12月开工建设，2021年10月竣工通车。该项目建设单位龙建路桥股份有限公司（以下简称“龙建股份”）全力克服语言习俗不通、新冠疫情形势严峻等不利因素，仅用30个月提前实现通车目标，用智慧与汗水让“中国速度”“中国信誉”得到再一次彰显。同时，投身于当地的公益慈善、就业扶助、减贫脱贫、技术培训，为当地民众提供465个就业岗位。发挥行业优势，迈出援外带动劳务扶贫第一步，对接商务部援外项目劳务扶贫活动，使5位湖南省城步苗族自治县帮扶对象通过技能学习摆脱贫困。援建冈比亚上河区公路桥梁项目的圆满竣工，使冈比亚内陆居民的“百年之愿”终于实现，架起中冈友谊的绚丽长虹。

背 景

俯瞰辽阔的非洲大陆版图，蜿蜒曲折的冈比亚河如一条玉带九曲入海，河的两岸就是 1.1 万平方千米的冈比亚土地，它是一个被誉为“河之国”的古老国度。然而，冈比亚河上却缺少连通两岸的桥梁。长期以来，冈比亚上河区的人们世世代代只能通过船只来往两岸。面对湍急的河水，几代冈比亚人都渴望有一座桥，能使人们对幸福生活的向往不再被阻隔，让经济社会发展的“血液”从此畅通。

▲ 中国政府援建冈比亚上河区公路桥梁项目

2017 年 12 月，在习近平主席与巴罗总统两国元首的见证下，首个中冈基础设施建设领域双边合作文件正式签署。承载着数代冈比亚民众期望的上河区公路桥梁项目也由此应运而生。当地时间 2021 年 10 月 9 日，由龙建路桥股份有限公司承建的中国政府援建冈比亚上河区公路桥梁项目竣工通车。

项目实施

1. 友谊价比千“金”，铺设服务冈比亚人民的友谊路、连心桥

道路通，百业兴。冈比亚作为典型的农业国家，农业人口占全国总劳动力的 75%，热带草原气候和丰沛的降水使当地盛产花生、芒果、西瓜，渔业资源十分丰富。但面对丰收，当地百姓的困扰大于喜悦。冈比亚河两岸之间缺少一个便捷往来的运输通道，海内外客商因为路不好走，不愿意到这里收购农产品。

公路围绕产业建，产业围绕公路转，上河区公路桥梁项目打通对外通道，降低运输成本，就像一把打开山门的“金钥匙”，把花生、芒果、西瓜等特色经济作物和肉质鲜美的渔业产品推向全球大市场，实现农副产品逐渐由“种得好”向“卖得好”转变，有力带动当地百姓增收致富。

2. 施展中国土“木”，真切让当地百姓更多受益

建设巴塞大学是冈比亚政府和民众的心愿、梦想。然而，由于资金不足和技术薄弱，该大学的施工进展缓慢。因此，龙建股份项目部主动提出，义务帮助建设巴塞大学。从 2018 年 12 月 10 日起，该项目部派出设备 8 台套和拉运土方车，义务参与巴塞大学的土地平整和道路修建，为学校建设解了燃眉之急。

因病致贫是脱贫路上的“拦路虎”。巴塞大桥工地所在的上河区有一家医疗机构，由于长期没有配套的道路交通，让许多冈比亚民众就医变得十分困难。龙建股份项目部得知这一情况后，于 2019 年 7 月 15 日动用设备 8 台套，拉运多车土方，义务为该医疗机构修筑道路，让救护车能够直接开到医院门口，让当地民众能够及时到医院就医。

3. 通途贯穿河“水”，就业扶贫培养现代职业工人

援建冈比亚上河区公路桥梁项目是现任总统巴罗执政以来，中冈达成的首个路桥合作项目。由于冈比亚全境被冈比亚河贯穿且缺少相连的桥梁，上河区巴塞至科伊娜的道路破败不堪，所以该项目工程对冈比亚的意义重大。该工程的规模十分庞大，要在短短 30 个月同时在多个工作面组织上千人到现场施工是一个不小的挑战。

以建设带动扶贫，以就业巩固扶贫。数百位冈比亚朋友记得，中国朋友改善了他们一家的生计。项目建设期间，龙建股份项目部以就业扶助促进减贫脱困，为当地民众提供 465 个就业岗位，使其收入水平大大提高。在项目建设同时，龙建股份项目部对当地百姓开展技术培训，让他们搭上技术致富的顺风车。

4. 点燃精准扶贫之“火”，迈出援外带动劳务扶贫第一步

2019 年年初，龙建股份主动对接商务部援外项目劳务扶贫活动，接收 5 位来自湖南省城步苗族自治县的帮扶对象。项目党支部书记与 5 名帮扶对象交流谈心，并安排经验丰富的师傅担任导师传授经验。2020 年 6 月，5 位帮扶对象顺利通过项目部组织的技术人员岗位能力考核，并取得较高的评分，达到能够胜任本岗位工作的标准。以后，等他们回到国内可以参加职业技能考试考取相应的职业资格证书，他们学到的技能也必将助力其走向致富之路。

5. 爱洒异国热“土”，劳务扶贫惠及民生，助力可持续发展

“援建一处，造福一地”是龙建股份项目部始终坚持的价值理念。在援建巴塞大桥的过程中，项目部通过积极投身于当

地的公益慈善、就业扶助、减贫脱贫、技术培训，把一个强大、友善、温暖的中国形象深深烙印在当地百姓心中。

成　效

巴塞镇的居民记得，中国朋友为他们创造的整洁环境。长期以来，巴塞镇的居民因为缺少垃圾清运装备，常年生活在蚊蝇肆虐的街区，饱受传染病的威胁。龙建股份项目部出动 4 台自卸车、1 台装载机，为巴塞镇清运垃圾上百吨，为当地居民创造了干净整洁的生活环境。

上河区中小学校的孩子们记得，中国朋友送给他们的图书和文具。2019 年 10 月 2 日，龙建股份项目部组织当地中小学的孩子们到项目展览室参观，并赠送给他们图书和文具，鼓励他们好好读书，将来有机会到中国留学深造。

▲ 龙建股份项目部慰问当地村屯百姓并赠送防疫物资

工地沿线各村屯的长者记得，中国朋友给他们带来的生活慰问品和新冠疫情防控物资。2019 年，项目部携带慰问品前往巴塞镇政府和承建公路沿线各村屯，看望村里的长者，并送去粮食和物资。2020 年，项目部向沿线各村屯的百姓捐献防疫物资。

2020 年 10 月，为庆祝中华人民共和国成立 71 周年，冈比亚当地最大的报纸媒体 *Point* 用整版向中国政府和中国人民表达感谢之情，“新冠疫情没有阻挡住中冈两国参建人员的工作热情。我们坚信，在中冈双方的共同努力下，我们一定会为冈比亚人民建成一条生态之路、文明之路、品质之路、友谊之路”。

经验与启示

1. 建设期带动经济发展

龙建股份始终秉承“援建一地、造福一方、真诚坦荡”的援建理念。冈比亚项目在建设过程中有效拉动周边地区的消费水平，通过设备租赁、购买生活用品及采购施工材料等极大地促进当地经济发展，显著提升冈比亚上河区整体基础设施质量。

2. 竣工后促进贸易畅通

龙建股份克服不利影响，该项目仅用 30 个月时间提前完工。项目的建成通车实现了冈比亚人民的梦想，促进冈比亚上河区和西非地区人员、物资、服务的自由流动，在冈比亚民众心中建起“两座连心桥、一条友谊路”（巴塞大桥、法托托大桥、援冈比亚上河区公路），成为冈比亚实施国家发展计划的重要里程碑。

3. 以交通设施建设推动就业

（1）加强对外劳务合作，减贫脱困。援建期间，龙建股份以扩大对外劳务合作助推当地减贫脱困，带动2000余人就业，惠及千余户家庭，帮助冈比亚培养了300余名技术工人。当地百姓收入显著提高，幸福指数明显增加。

（2）促进国内人员就业，精准扶贫。作为商务部对外劳务扶贫试点企业之一，龙建股份积极践行国家脱贫攻坚战略，认真履行援外企业社会责任。2019年，赴湖南省城步苗族自治县开展对外劳务扶贫，通过资料筛选和技能培训，将5名来自湖南省城步苗族自治县的贫困人员派往援冈比亚项目。通过近两年多的帮扶，他们分别学会电焊、测量、机修等技术技能，有效拓宽增收途径，个人年均收入近15万元，达到商务部“以援外劳务带动扶贫”举措的预期效果，实现精准扶贫。

4. 以基础设施建设改善民生

（1）推动教育发展。建设巴塞大学是冈比亚政府和民众的心愿，受资金和技术等方面限制，施工进度十分缓慢。龙建股份义务参与巴塞大学土地平整和道路等工程修建，为巴塞大学建设解了燃眉之急。援建期间，龙建股份组织当地中小学生到项目展览室参观，并赠送图书和文具，鼓励孩子们好好学习。

（2）助力医疗卫生。援建工地附近的医疗机构旁的道路不通畅。为解决民众就医困难，龙建股份主动承担道路修筑工作，道路打通后当地民众能够及时到医院就医。项目建设所在的巴塞镇居民生活区蚊蝇肆虐，人们饱受传染病威胁。龙建股份调集数台设备利用两天时间清运6个垃圾点上百吨垃圾，为当地居民创造了干净整洁的生活环境。

（3）积极扶危助困。龙建股份积极为当地百姓办好事、办实事，累计投入帮扶资金及捐赠疫情防控物资达30余万元，投入上百台次设备改善基础设施和抢险救灾。每逢当地盛大节日，还会给当地工人送去食物。

精准帮扶巴西小微经济从业者及农民脱贫

——三峡国际海外履责减贫案例

案例类型：产业减贫

关键词：精准帮扶，个体农户，小微经济

提交机构：中国三峡国际股份有限公司

摘　要

中国三峡国际股份有限公司（以下简称“三峡国际”）在投资巴西清洁能源投资市场的同时，秉持“善若水、润天下”的社会责任理念，借鉴国内精准帮扶的经验，与当地知名机构联合支持个体农户的小微经济及旅游业等，促进当地社区的可持续发展与转型。通过创业培训指导、提供启动资金、帮助项目孵化等组合方式，为电站附近社区民众减贫脱贫提供支持，从而赋能当地经济可持续发展。

背　景

2020年，新冠疫情给巴西经济造成严重的影响。三峡国际贯彻中国长江三峡集团有限公司（以下简称“三峡集团”）“善若水、润天下”的社会责任理念，帮助巴西电站所在地区恢复经济，通过支持个体农户的小微经济及旅游业等促进当地社区的可持续发展与转型，同时发起创收创业主题试点项目和

可持续旅游业创新挑战项目，以期通过上述项目创造并赋能新的经济发展方式，帮助农民和小微企业家脱贫脱困，造福当地社区。

项目实施

1. 助力旅游产业

中国三峡（巴西）股份有限公司（以下简称“三峡巴西公司”）与阿索卡巴西发起可持续旅游业创新挑战项目。可持续旅游业的社会创新主要包括两个方面：一是面向巴西征集可持续旅游业方案，对评估出的最佳方案进行现金奖励和加速指导计划；二是对巴西旅游业进行一个详细的定性研究，为巴西政府部门相关政策的制定提供参考。

自 2020 年 8 月方案征集启动以来，三峡巴西公司收到来自巴西各地的 197 个项目方案。来自三峡巴西公司和阿索卡巴西的志愿评审员从项目的创新性、影响力、可应用性、可持续性等方面，对方案进行第一轮评估。之后，由两家公司组成的项目管理委员会对方案进行审议，以选出决赛入围者。这些方案涉及城市、郊区、乡村、土著居民生活地区等多种社区和环境，也蕴含对平等、包容、多样性、可持续发展等重要议题的深刻思考。在审议时，评审会采用 4 个可持续旅游业的重要支柱作为项目评选标准，即经济、社会、文化和环境。可持续旅游业不仅要在旅游的过程中尊重自然、保护自然，而且要关注当地经济的可持续及人文传承，确保社区的深入参与和融合，体现当地特色，优先发展当地产品，鼓励社区找到自己独特的、具有创新性的立足点。

经过全面且审慎的评审，该项目最终评选出 3 个最佳方案，分别是来自巴伊亚州的“气候守护者”“巴伊亚州社区旅游”及来自圣保罗州的“自由之路”。“气候守护者”拟研发一项碳排放计算和补偿系统，对旅游活动的碳排放量进行测量，并将其转化为货币价值，游客支付一定金额对其影响进行抵消，该金额将用于当地社区的环境保护和维护，促进当地传统农业家庭提供环保服务、恢复植被退化地区并通过可持续的方式进行生产。游客也将得到一系列旅游相关的折扣。“巴伊亚州社区旅游”将巴伊亚州的 34 个社区旅游计划进行融合，这些计划通过建立伙伴关系及沟通和营销计划进行协作，形成合力与协同效应。“自由之路”着眼于在巴西的非洲后裔文化的传承与宣传，将该主题与旅游路线结合在一起，以促进人们对相关历史文化的了解与对文化多样性的认识。

以上每个获奖方案都获得了 10 万巴西雷亚尔的项目支持资金及管理相关的专业培训。除了阿索卡提供的创业培训外，本特维咨询公司还对各个小组就如何制订商业计划、如何优化项目管理、指标制定等进行跟踪培训。如此，每个小组都可以更好地利用分配的财务、人力与自然资源，多角度提升旅游的可持续性。

在三峡巴西公司的支持下，阿索卡与 19 位在巴西旅游业深耕的小微企业家经过深刻的讨论与分析，形成一篇行业报告，报告指出并分析 4 个阻碍巴西旅游业发展的系统性问题（掠夺性发展观、财政资源稀缺、基础设施建设的不平等性及忽视或破坏可持续旅游业的公共政策），以及 5 项针对可持续旅游业小微企业家的指导原则（建立基于同理心的情感纽带、旅游体验的真实性、网络式团队建设、自然保护与社会环境发展的互补性及加强社区韧性的整体战略建设）。

2. 开展创业创收主题试点项目

2021 年，三峡巴西公司与当地非营利机构梅奥研究所合作，启动创业创收主题试点项目，促进其电站周边发展水平较低的地区实现真正意义上的转型与可持续发展。该试点项目在三峡巴西公司所属的朱茹梅里电站（位于巴拉那帕内马河流域）和格利保吉电站（位于舟河流域）开展，于 2022 年结束。

在格利保吉电站地区，该项目为农业生产个体户、小型农业合作社等生产性群体提供面对面或远程的专业指导，帮助他们提高生产率和收入，破解其融资难的困境。该项目还根据 5 个关键标准（当地相关性、执行能力、商业潜力、当地社区公共脆弱性和项目影响潜力）从来自圣卡塔琳娜州阿布顿巴蒂斯塔、塞罗内格罗和安妮塔格利保吉市的 25 名申请者中选出 3 个生产小组进行投资加速孵化，使其获得更充分的发展自主权，同时对这些小组的表现进行持续跟踪和评估。这些小组进入为期 3 个月的预加速阶段，然后进入下一个加速和孵化阶段，该阶段会持续 12 个月。

筛选出的 3 个生产小组分别为越冬基伦博拉生产者协会，该协会由来自 21 个家庭的 52 人组成，主要活动为木薯、玉米、豆类、大米、奶酪、蔬菜、蜂蜜等农产品的生产和销售；山之味协会由来自 14 个家庭的 30 人组成，主要活动为草莓、蓝莓、黑莓的生产和销售；巡航妇女协会由 30 名妇女组成，主要活动为生菜、卷心菜、甜菜根的生产和销售。

在朱茹梅里电站地区，该项目为当地的小微企业家提供为期两个月的聚焦管理、金融与市场营销方面知识的在线培训。培训共有 274 名小微企业家参加。在培训结束后，有 3 名企业家通过筛选获得 4000 巴西雷亚尔的“种子资金”，这些资金用于推动他们的业务并将其学到的知识用于实际。

成　效

1. 帮助小微经济从业者及农民从疫情影响中尽快恢复

在创业创收试点项目的第一个阶段，已有 70 个家庭直接受益，同时间接惠及电站附近数百户家庭，使当地民众增强应对疫情的信心，并促进其掀起创收创业的热潮。以从事童装刺绣的个体手工艺人为例，参与项目使其收入直接增加 74.1%。创收创业项目还促进当地民众进一步了解、认同三峡巴西公司的经营理念，促进企业与当地社区的深度融合和持续良性互动。

2. 为贫困女性提供脱贫脱困机会

三峡巴西公司借鉴国内帮助贫困女性的成功经验，在创业创收项目中向当地贫困女性倾斜，为由 30 名妇女组成的妇女协会提供就业指导和支持，帮助她们提高传统农作物的生产和销售效率，从而改善农村贫困妇女的收入状况。

3. 创新减贫获得国际社会认可

帮扶项目不仅在巴西获得良好的口碑，也得到国际社会的认可。2021 年 12 月，三峡巴西公司可持续旅游业发展项目荣获亚洲企业组织颁发的国际创新奖。该奖项由亚洲企业组织每年举办一次，依据创新独特性、解决问题能力、可复制性及未来可测量市场成果等标准进行评估。

经验与启示

1. 授人以渔，帮助当地社区脱困振兴

三峡国际作为清洁能源企业，在主营业务促进可持续发展之外，充分发挥自身优势，结合项目所在地区的资源禀赋，

精准施策，扶贫更扶智，让受疫情影响的从业群众不仅能鼓起口袋，更能稳住口袋，实现稳定脱贫、长久脱贫。

2. 扶贫脱困助力打造命运共同体

三峡巴西公司开展的社区帮扶项目不仅为电站周边社区经济发展赋能，为社区创收创造条件，而且提升了当地民众的环保意识，进一步保护社区赖以生存的资源和生物多样性，打造三峡巴西公司与社区和谐发展的命运共同体。对具有潜力的可持续旅游业发展提案的支持不仅是提供资金帮助，而且联合阿索卡对其进行专业培训，使从业者具备足够的知识与技能，把想法变成现实。

3. 借鉴国内成功经验、国际复制推广

三峡国际吸收借鉴三峡集团在国内精准帮扶的经验，并在海外项目中进行复制推广。三峡巴西公司利用自有资源开展创收创业等主题试点项目，以促进电站周边发展水平较低的地区实现真正意义上的转型与可持续发展。

聚焦智慧农业，促农稳定增收

——西藏曲水县才纳乡国家现代农业示范区振兴乡村案例

案例类型：大数据＋减贫

关键词：智慧农业，大数据

提交机构：西藏自治区乡村振兴局

摘　要

西藏自治区拉萨市曲水县才纳乡国家现代农业示范区（以下简称“示范区”），依托凤岐茶社打造大数据农业创新创业服务生态体系和农业大数据创新创业服务平台，通过物联网、云计算、互联网、大数据、区块链、北斗导航、AI 等先进技术，通过物联网观测站、物联网节点等设备将线下农场、农业园区连接云平台，使地域分离的农场在云平台上实现互联互通、数据共享、协同作业，形成一个线上线下相结合的云端农场；通过“七大功能”实现“五融合”（“大数据＋农业”“大数据＋农民”“大数据＋销售”“大数据＋旅游”“大数据＋党建”）；最终达到农业科学化、规范化、大棚及园区的远程诊断和托管、节省农事生产及人力成本和助力农产品品牌建设的目标，持续带动周边群众稳定增收。

背　景

示范区管理委员会毗邻贡嘎机场，机场高速、拉日铁路穿境而过，交通便利、地理位置优越、区位十分明显。示范区占地面积近 2 万亩，自 2012 年起先后获得国家现代农业示范区、中国农业科学院拉萨曲水净土健康产业示范基地、曲水县才纳乡国家现代农业科技（科普）示范基地、国家级融合产业园区等荣誉，现重点打造产、学、研一体化的曲水才纳万亩净土健康产业园区。

示范区将发展净土产业与大数据农业有机结合，将园区打造成国内领先的大数据农业样板和创新创业综合支撑体，对部分温室大棚和藏药种植区进行信息化改造，建设“云上农场”，形成一个线上线下相结合的云端农场，能够对农作物生长信息的监测进行控制和管理，并进行汇总、存储、分析，建立更为精准的农作物全生长周期模型，实现科学制定生产措施、分析增减产原因、预测农作物生长趋势，实现灾害预警、农业生产过程的精准化和标准化，提高农业生产品质效率。

项目实施

1. 构建“云服务”思想下的农业物联网

对曲水县才纳乡国家现代农业示范区进行信息化改造，建成“云上农场”，建立先进可靠、安全、方便灵活、操作简单、易于维护、互联互通、信息共享的区域农业物联网综合应用支撑平台。

通过在线下农业基地，部署土壤温湿度等各种传感器、小型气象站和视频监控设备等实时采集农作物生长的各种数据；所获取的信息通过互联网传输到“云上农场”大数据农业云平台。管理平台能够对农作物生长信息的监测进行控制和管理，并对上传信息进行汇总、存储。通过对信息的采集、过滤、融合、汇总、分析，以各类图表形式进行展现，为掌握农作物生长环境、生产动态信息，科学制定生产措施、分析增减产原因、预测农作物生长趋势，实现灾害预警等提供数据支持。

▲ 曲水县大数据农业监控平台温室监测

2. 实现多方“五融合”

“大数据＋农业”。通过大数据农业平台实时数据，可以了解大棚各区域部署的传感器数据及曲线、棚内作物实时生长视频、智能化远程控制相关设备的控制面板和棚内相关物联网设备、网络、影响作物生长的环境异常警告信息等。所有传感器数据均以数字、曲线、图表、仪表等形式展现并实时上传、保存至云平台建设的云上农校，帮助农户收集种植手册信息，整理种植书籍，为培训教学使用。

“大数据＋农民”。通过专家远程培训、在线咨询、远程诊断和指导等方式，实现科学生产技术与本地农业生产的低成本、常态化的对接，使农民掌握标准化的种植技术，具备标准化种植的本领，实现推动区域农业提质增效、农民增收。在曲水县才纳乡村党支部建立高原上第一个凤岐云上农校平台，构建基于云端的视频互动系统，旨在通过专家远程培训、在线咨询、远程诊断和指导等，帮助农业企业培训合格的农业技术人员，实现传统农业产业转型可持续发展。

“大数据＋销售”。大数据农业平台可对农作物生长信息的监测进行控制和管理，并对上传信息进行汇总、存储。通过对信息的采集、过滤、融合、汇总、分析，以图、表等形式展现，为掌握农作物生长环境、生产动态信息、实现灾害预警等提供数据支持。通过智慧物价检测系统帮助农牧民群众选择种植产品，提供有利的提高收入标准。

“大数据＋旅游”。旅游景区自成立以来不断整合资金、配套基础设施建设，现已打造 A 区 500 亩花海旅游观光区，B 区水果、花卉、蔬菜等采摘温室共有 136 栋，建设的价值近 2 亿元百亩连栋温室内配有牦牛全席体验馆、温泉健康体验馆、藏药文化体验馆等，道路硬化全覆盖，配建公共厕所 6 处、游客咨询中心 1 处，设施设备较为齐全。

“大数据＋党建”。作为拉萨市干部培训现场教学基地，通过大数据平台、“互联网＋党建”的培训理念，云上农校平台专家远程培训、在线咨询、远程诊断和指导等方式，截至目前承接区、市、县级各单位干部现场教学 200 余次，培训党员干部 8000 余人次，为建设一支信念坚定、为民服务、勤政务实、敢于担当、清正廉洁的党员干部队伍，推动全县经济长足发展和社会长治久安提供有力支撑。

成　效

1. 实现大数据农业的“七大功能”

一是实现作物生长实时数据监测；二是实现人工监测数据录入和管理；三是实现系统设备管理；四是实现下行执行机构的远程控制；五是实现警报管理；六是实现云上农校培训；七是实现区块链追溯平台建设。

2. 提高农业科学化、规范化建设

为当地农业管理决策部门、普通农户和有关涉农企业或合作社提供农业资源管理与决策支持的手段，为社会提供全方位的农业信息服务，从整体上提高农业工作的科学化、规范化、标准化水平。对政府监管部门来说，可通过在监管中心建设的大数据农业政府监管平台，了解辖区所有大棚及大田的农事生产活动情况、农作物生长情况、大棚农作物环境数据及大棚实时视频等信息，做到对辖区所有大棚、大田情况进行数字化、可视化的实时监测、管理及指导。

3. 实现大棚及园区的远程诊断和托管

通过专家远程培训、在线咨询、远程诊断和指导等方式，实现科学生产技术与当地农业生产的低成本、常态化的对接，使农民掌握标准化的种植技术，具备标准化种植的本领，实现推动区域农业提质增效、农民增收。

4. 助力农产品品牌建设

大数据平台的建设使消费者可通过农副产品区块链追溯系统了解大棚、大田内农作物的生产、检验、流通、消费等各个环节情况，实现农产品“从农田到餐桌”的安全追溯，助力打造农产品在消费者心中的品牌影响力，促进农业园区及种植户农产品品牌体系建设。

经验与启示

1. 智慧农业技术有利于促进农业技术推广

在西藏发展现代农业面临恶劣的自然环境，建立园区示范的形式，可以较大程度降低农业技术推广成本，解决农业技术推广缺少可示范的条件问题。西藏当地的技术人员均可实现就近参观和学习，同时构建的基于云端的视频互动系统可以通过专家远程培训、在线咨询、远程诊断和指导等，提高偏远地区农民获得农业技术的能力。

2. 提升园区的多功能性促进园区可持续经营

如果单靠生产经营是难以获得财务可持续性的。通过发展观光旅游、培训，将生产和农业技术示范推广功能延伸到服务业，在一定程度上可以增加示范园区的营收，提高园区经营的可持续性。同时，进一步拓展培训功能，充分发挥园区扩散技术的公共属性，让其发挥更多的社会价值是园区建立和发展的重要意义。